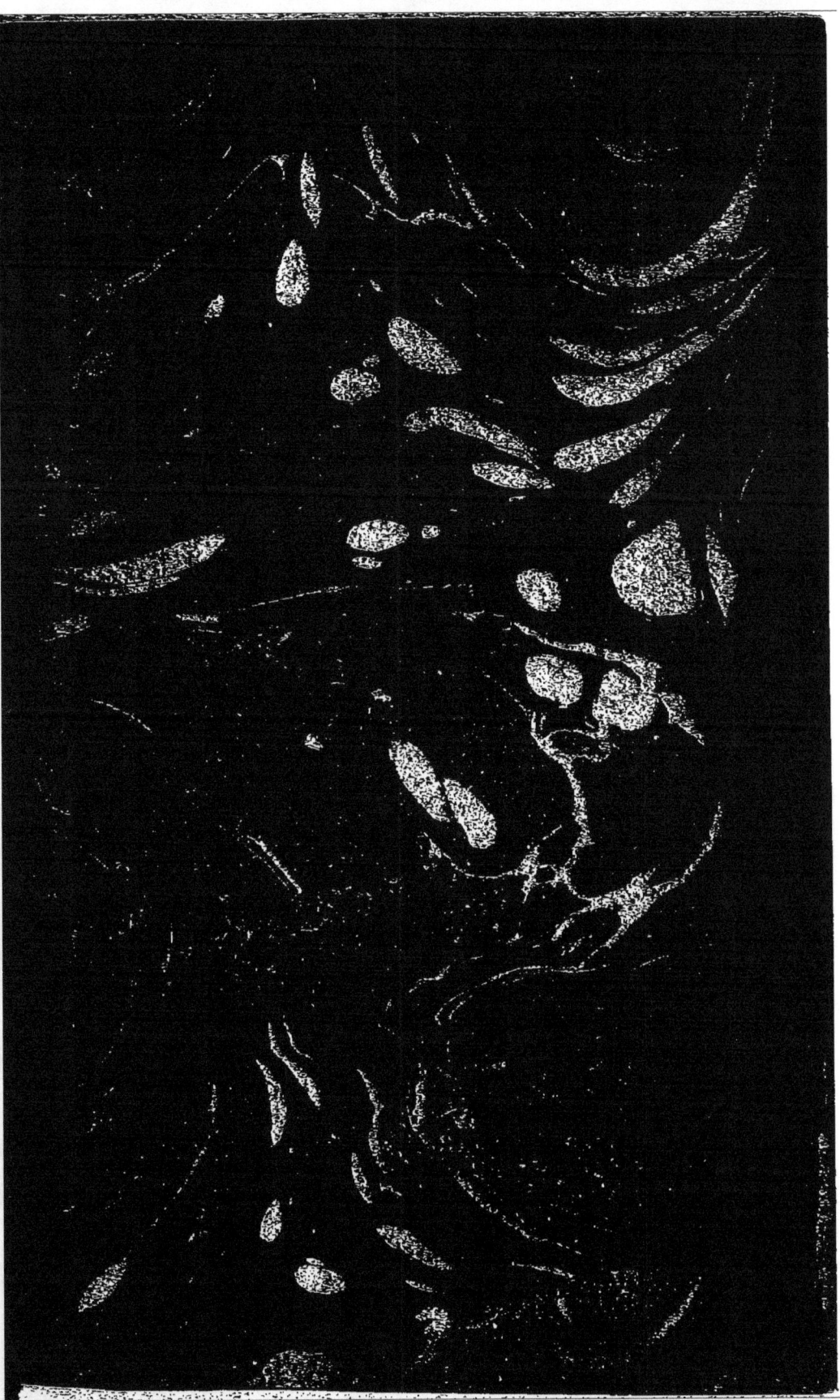

D. 2869 P. (Réserve)

5330.

LETTRES

À

SOPHIE.

LETTRES
À
SOPHIE.

Contenant un examen des fondemens de la Religion Chrétienne, & diverses objections contre l'immortalité de l'ame.

PREMIERE PARTIE.

à LONDRES.

Dix-huitieme Siècle.

LETTRE PREMIERE

Servant d'introduction.

Je ne m'attendois nullement, ma chere Sophie, à recevoir de vos nouvelles. Trente ans se sont écoulés, depuis que nous avons eu le chagrin d'être séparés; & rien n'auroit pu calmer la douleur que m'avoit causée cette cruelle séparation, sans une idée dont je me suis prévenu. Je vous croyois morte, Sophie. Ce soupçon, qui dans la suite devint pour moi une certitude, a été la base du bonheur dont j'ai joui depuis trente ans. Peut-être le vôtre n'a-t-il eu qu'un semblable fondement; car je vous connois jalouse; & vous auriez passé les jours les plus tristes, si vous m'eussiez cru en vie.

Quoi qu'il en soit, nous vivons tous deux; mais la rigueur des loix nous interdit pour jamais l'usage de ces noms, jadis si doux, d'amant & de maîtresse. Nés pour faire notre bonheur mutuel, des liens indiffolubles nous retiennent tous deux dans les bornes d'un devoir que nous ne pouvons violer fans nous perdre, & dont la violation feule pourroit cependant faire notre félicité. Au refte, nous perdons peu : l'âge de l'amour eft paffé pour nous : c'eft à la philofophie déformais à nous rendre heureux.

Depuis que je vous ai perdue, j'en fais mon unique étude; &, fi je ne me trompe, je crois m'être mis au point où vous femblez defirer de parvenir. C'eft-à-dire qu'uniquement occupé du préfent, je laiffe au ftupide vulgaire à s'allarmer fur un avenir dont je me fuis démontré le néant. Oui, Sophie, ces craintes, ces terreurs où me plongeoient dans vos bras mêmes la jouiffance, ou feulement la recherche des plaifirs, font entiérement bannies de mon efprit. Une Bibliotheque affez bien choifie quoique nombreufe, de fréquens entretiens avec les Sçavans, partifans du culte que l'on fuppofe dû à Dieu, & plus que tout cela le loifir de penfer, m'ont démontré que tout ce qu'on appelle religion n'eft qu'une fable, que l'immortalité de l'ame humaine eft une fuppofition gratuite, deftituée de toute preuve, & que l'existence d'un Etre Souverain, tel qu'eſt le Dieu des Juifs & des Chrétiens, eſt une hypothèſe dont on n'éloigne les contradictions dont elle eſt tiſſue, que par d'autre contradictions, encore plus révoltantes.

Je croyois avoir tout fait en me tranquiliſant; j'ignorois qu'il me reſtoit encore à aſſurer le repos de Sophie, c'eſt-à-dire, de la perſonne du monde que je chéris le plus. Mais puiſque vous vivez, je vais reprendre le travail. Vous deviez faire mon bonheur : jugez avec quelle vivacité je vais me livrer à contribuer au votre. Ne craignez point de rencontrer dans la carriere que je vais vous faire parcourir, de ces obſtacles rebutans, qui ſouvent font repentir d'avoir fait le premier pas, par l'impoſſibilité qu'on croit appercevoir d'arriver au but. Vous m'êtes trop chere, & je ſuis trop convaincu de l'horreur qui aſſiége ceux qui ont aſſez d'eſprit pour ne pas croire, mais qui manquent de force quand il faut nier ces myſtérieuſes ſotiſes qu'on attribue à la Divinité, pour vous laiſſer dans un état moyen où végetent les plus fermes Déiſtes. Votre ſexe ne vous a pas permis de vous livrer à l'étude des langues : je ne me ſervirai que de celles que vous entendez. Le jargon de l'Ecole vous est inconnu, j'en éviterai jusqu'aux termes, ou du moins je ne les employerai qu'en vous en donnant l'intelligence. Quant à mes preuves, j'espere qu'elles seront de nature à être entendues par des personnes qui auroient beaucoup moins d'esprit que vous n'en avez, & que par conséquent elles vous seront sensibles.

Comme vous êtes à portée de vous procurer des livres où toutes les parties qui composent la Religion Chrétienne sont traitées à fond, je n'entrerai point dans le plan détaillé de cette Religion, je me contenterai de la considérer en général, & de ne rapporter contre elle que les preuves de fait qui ont été omises par les écrivains qui m'ont précédé. La critique particuliere de l'ancien ou du nouveau Testament ne fera point l'objet de mon travail; mais lorsque ceux qu'on regarde comme les fondateurs ou les soutiens de l'Eglise employeront le mensonge pour établir ou défendre leur cause; lorsqu'ils appuyeront leurs sentimens sur des monumens, sur des actes fabuleux, dont ils ne prouvent souvent la réalité, qu'en assurant qu'ils sont perdus, je me crois autorisé à les relever,

& à les convaincre de fourberie.

Parmi les Auteurs Chrétiens, je ne m'attacherai qu'à ceux qui ont eu quelque réputation, & qui sont approuvés, n'importe dans quelle communion ; & dans ces Auteurs, j'aurai soin encore de ne choisir que les faits ou les circonstances un peu relevées.

J'observerai la même méthode, lorsque je vous entretiendrai de l'immortalité de l'ame, & de l'existence de Dieu.

J'ai cru devoir commencer par examiner la Religion, pour deux raisons. La premiere, c'est qu'une fois la Religion détruite, l'immortalité de l'ame humaine, & l'existence de Dieu, entant que fondée sur la révélation & dérivant de certains dogmes du Christianisme, sont, du moins à l'égard des Chrétiens, presque anéanties.

La seconde raison qui m'a engagé à en user ainsi, c'est qu'il est difficile à une personne qui, dès son enfance, a eu les oreilles rebattues de la spiritualité de cet air qui l'anime, & de la réalité d'un Dieu qui punit même ceux-là qui cherchent à le connoître, de se défaire tout d'un coup des préjugés qu'elle a sur ces deux sujets. Ces fantômes occupent une place dans l'esprit & dans le cœur, & rien n'est plus à craindre qu'un vuide dans ces deux parties de nous-mêmes.

Avant que de bannir entiérement ces deux opinions si flatteuses, & si propres à entretenir la vanité de l'homme, il est bon d'avoir de quoi remplir l'espace qu'elles occupoient, sinon par la certitude, du moins par le doute. Or, rien n'est plus propre à faire naître ce doute en nous, que la démonstration de la fausseté de la Religion. Une fois convaincus qu'elle n'est qu'une chimere inventée par la fourbe & l'intérêt des hommes, nous serons en garde contre tout ce qui nous viendra de leur part, nous suspendrons notre jugement sur tout ce qu'ils nous proposeront, sous quelque nom que ce soit; & parvenus à ce Septicisme, qui est comme le germe & le commencement de la sagesse, nous n'aurons plus qu'un pas à faire, pour être en état de résister de front à tout ce qu'ils entreprendroient sur notre esprit & notre entendement.

Ainsi, quand vous serez dégagée des préjugés de la Religion, que des hommes menteurs vous obligeoient de respecter, parce qu'ils assuroient la tenir de

Dieu même, vous irez hardiment dans la recherche de la vérité. L'immortalité, la spiritualité de votre ame, l'existence du Dieu qui l'a créée, les attributs, les qualités de ce Dieu, sont des choses dont vous ne trouvez point d'idées, de vestiges d'idées même, dans votre entendement. Cependant vous vivez sous le joug de ces dogmes extravagans: eh! qui vous a contrainte de révérer ces dogmes? Ce sont des hommes. Donc, puisque ces mêmes hommes vous ont trompée sur la Religion, ils peuvent, & il y a même beaucoup d'apparence qu'ils ont abusé de votre crédulité par rapport à la nature de votre ame, dont le bonheur devoit dépendre de la pratique des usages qu'ils vous imposoient; & sur l'existence de cet Etre Souverain qui exigeoit que vous soumissiez votre esprit aux mysteres qui étoient l'objet de votre foi.

Ce n'est pas, ma chere Sophie, que la démonstration de la fausseté de la Religion entraînât nécessairement celle de la non-existence de Dieu. Mais si l'existence de cet Etre indéfinissable ne nous est enseignée que par ces imposteurs qui nous avoient trompés en fait de religion, c'est au moins déjà une forte présomption contre la réalité de ce dogme monstrueux & gênant, qui nous apprend qu'un Etre infini veille sans cesse sur nous, & s'occupe dans son loisir éternel à préparer des châtimens & des récompenses destinées à ceux qui, soit par mauvaise volonté, ou par ignorance, soit par habitude ou par conviction auront rejetté, ou cru ce qu'on dit qu'il a révélé aux hommes.

En voilà assez, je crois, pour vous donner une idée de l'ordre que j'observerai dans mes lettres. Cette méthode vous dégoûtera moins, que celle qu'on est contraint de suivre dans ce qu'on appelle traités. Elle n'en sera pas moins instructive, parce que sans affectation tout sera lié & suivi; & elle s'accorde mieux avec mon penchant à la paresse.

Si jamais ces lettres tombent entre les mains des Dévots, ils ne manqueront pas de nous attribuer quelque vice, ou quelque défaut, qui, selon eux, auront été la cause de notre irreligion; c'est leur coutume. ,, La débauche fait la plu-
,, part des libertins & des impies, dit
,, Beausobre: ne pouvant plus se résou-
,, dre à se conformer à la régle que Dieu

„ a prescrite à nos sens, ils tâchent de
„ la briser, & de secouer un joug qu'ils
„ ne veulent pas porter (*a*).

Notre âge, notre état, notre conduite depuis trente ans, nous mettent à l'abri de ce reproche. La longue privation des plaisirs nous en a fait perdre le goût. D'ailleurs si la régle que Dieu prescrit, ne regardoit que les sens, il est un grand nombre d'hommes qui dans la fleur de l'âge-même s'y soumettroient ; & en particulier notre tempérament ne s'opposeroit pas à la soumission que nous lui vouerions : mais cette régle en veut encore plus à l'esprit qu'aux sens corporels proprement dits ; & voilà d'où vient qu'on tâche de la briser, & de secouer un joug qu'on ne veut pas porter, parce qu'il répugne à la raison.

Adieu. Dans la premiere nous entrerons en matiere ; & je promets de ne point quitter, que vous ne soyez convaincue.

(*a*) Beausobre, Serm. sur Rom. XII. 9.

LETTRE II.

Idée de la Religion des Chrétiens, & de son Instituteur.

Les partisans de la Religion Chrétienne prétendent que ce qui la distingue de toutes les autres Religions, est l'excellence de l'objet qu'elle propose, & le choix admirable des moyens qu'elle met en œuvre pour nous conduire vers cet objet. Ils ajoutent que ces moyens sont également dignes de la Majesté divine qui les a révélés, de sa bonté & de sa sagesse (*a*) infinie; de la liberté & de la dignité naturelle de l'homme.

Ce que disent ici les auteurs Chrétiens, a été dit par tous les dogmatiques des diverses Religions qui ont été sur la terre : c'est un langage commun à toutes les sectes. Mais ces termes généraux, ces expressions vagues, qui ne sont prouvées que par l'autorité qu'ont usurpée ceux qui les proferent, ne doivent point nous en imposer. Ce sont des hommes qui parlent, & en cette

(*a*) V. De la R. Chr. par Addison, Réfl. prélim.

qualité d'hommes comme nous, nous sommes fondés à les examiner, à mesurer, à peser ce qu'ils disent, avec & sur les régles invariables du bon sens & de la raison.

Et 1°. Il y a beaucoup d'apparence que, si cette religion étoit telle que ses partisans l'annoncent, si elle ne s'offroit aux hommes que sous ce point de vue, il ne seroit peut-être au pouvoir d'aucun d'eux de se refuser à sa créance. Cette immortalité bienheureuse qu'elle promet, a quelque chose de si flateur, que tous seroient enflammés du desir de la posséder. Entraînés par la beauté victorieuse d'une morale à laquelle il est impossible de refuser son estime, le penchant des cœurs ne trouveroit aucun prétexte pour éviter de se soumettre à des préceptes, à des loix dont la sagesse & la perfection brilleroient avec tant d'éclat.

Cependant depuis l'existence du Christianisme & encore actuellement, on voit une multitude innombrable d'hommes qui refusent leur créance aux dogmes qui fondent la religion des Chrétiens: donc son objet ni ses moyens ne sont pas assez excellens pour frapper & persuader tous les esprits. Et quand même il arriveroit que tous les hommes, c'est-à-dire le plus grand nombre possible, embrasseroient, par un accord dont on n'a point d'exemple, une seule & même Religion, ne croyez pas, Sophie, que cette accession générale fût une preuve de la divinité de cette Religion, que dans les tems connus on pourroit appeller universelle. L'universalité d'une opinion ne prouve point sa vérité. Si les Romains ne se fussent pas divisés entr'eux, comme ils ont fait dans les premiers siècles du Christianisme, peut-être l'Europe entiere sacrifieroit aujourd'hui dans le Capitole, comme tous les Hébreux étoient obligés de sacrifier dans le temple de Jérusalem.

J'avoue qu'une religion qui auroit pour elle le suffrage universel, seroit au moins respectable, mais il s'en faut bien que la Religion Chrétienne soit dans ce cas. Confinée dans un coin de la terre, elle n'y occupe qu'un très-petit espace; encore dans son propre sein a-t-elle des ennemis plus à craindre, que dans les Sectes qui lui sont diamétralement opposées.

Dès qu'il y a diversité de jugemens sur une opinion, il faut suspendre sa décision, & se donner tout le temps nécessaire pour se résoudre, n'importe dans quel cas. La Religion Chrétienne a des beautés, on ne peut le nier ; mais elle a des défauts : or, si ce qu'elle a de singulier ne l'emporte pas sur les Sectes qui l'ont précédée ; & si ses vices nous décelent qu'elle est l'ouvrage des hommes, nous pouvons dès-lors mettre à part ce respect qu'elle exige, & lui faire subir un examen, tel qu'il nous mette à portée de prononcer sur ce qu'elle vaut.

2°. On peut nier presque tout ce que disent les partisans du Christianisme en faveur de leur religion. Il y a plus : on peut rejetter le plus grand nombre des monumens ou des actes, sur lesquels ils fondent ce qu'ils avancent, comme nous le verrons dans la suite.

Privée des secours que lui ont fourni ses apologistes, qui n'ont point épargné le mensonge & l'imposture pour la soutenir, la Religion du Christ n'offre qu'un triste tableau dans lequel tout ce qu'il y a de frappant est hors d'œuvre, & où l'on suppose que tout ce qui fait partie du sujet & qui y appartient en effet, est caché derriere de sombres voiles, dont on vous assure que l'œil le plus perçant ne sçauroit pénétrer la profondeur.

Je m'arrête d'abord à l'excellence de l'objet que propose, dit-on, la Religion. Cet objet, c'est la Divinité, de la vue de laquelle elle nous promet de nous faire jouir après la mort; & à compter de la mort, jusqu'aux temps incommensurables de l'éternité, c'est-à-dire pour jamais. Il est certain que s'il étoit démontré qu'il y a un Dieu, que ce Dieu est parfaitement heureux, que ceux qui, par leur conduite ici-bas, acquerront le ciel, participeront à ce bonheur divin; il est certain, dis-je, que si tout cela étoit vrai, l'objet proposé par la religion, seroit un objet excellent.

Mais qu'il s'en faut, Sophie, que nous ayons une connoissance, une certitude exacte de ces choses! L'existence de Dieu est un problême qui n'est pas encore résolu. Parmi ceux qui admettent une Divinité, on n'est pas encore convenu ni de ses qualités, ni de ses attributs: son essence est absolument ignorée.

La nature du bonheur dont jouit cet Etre, est encore une question à décider: mais le supposer parfait, ce bonheur, de quoi cela avancera-t-il ceux qui entreront dans le ciel? La félicité de Dieu ne sera point la leur ; car le bonheur parfait est un attribut incommunicable. S'il étoit communicable, il s'ensuivroit qu'il ne seroit point infini, & dans ce cas, ne seroit-il pas absurde de dire qu'il est le partage de Dieu ?

Mais, dira-t-on, le bonheur que Dieu communique aux élus, est un bonheur tel qu'il remplit leurs desirs, quelque soit leur étendue ; & d'ailleurs il donne aux Saints un penchant qui est de nature à se borner à la jouissance dont ils sont gratifiés. Cela est faux. Je n'en veux pour preuve que la révolte de Sathan & de ses complices. Si Sathan & ceux qui suivirent son parti, eussent joui d'un bonheur parfait dans le ciel, si tous leurs vœux eussent été comblés, ou du moins s'ils avoient été dans l'impuissance heureuse d'en former successivement, ils n'eussent pas pris les armes contre Dieu ; car l'action qui nous porte à acquérir, suppose en nous le manque de ce dont nous recherchons l'acquisition. Donc il est encore des desirs dans le cœur des habitans du ciel : donc ils ne sont pas parfaitement heureux. Donc encore la Religion qui proposeroit pour objet aux hommes un bonheur parfait, seroit supérieure à la Religion des Chrétiens. Mais cela me paroît impossible, parce que le bonheur parfait ne peut se trouver dans la nature, puisque les parties qui la composent sont divisibles, & qu'un bonheur dont elle seroit cause, ne peut être d'une autre nature qu'elle, qui le produit.

Mais suivons les Chrétiens. Le bonheur que promet leur Religion, de quelle qualité est-il? Consiste-t-il dans l'action, dans le repos? dans l'ignorance absolue, ou dans la connoissance claire de certaines vérités satisfaisantes, dont la vision suffit pour rendre heureux? C'est ce qu'on ne sçait pas encore. Je peux donc le supposer tel qu'il me plaira d'imaginer. S'il consiste dans l'action, cette action doit avoir une fin ; sans quoi elle seroit une extravagance. Mais si le bonheur des justes est l'action, quel nom donneroit-on à la prérogative dont jouiroient certains Etres, qui auroient la faculté de parvenir à n'importe quel but sans se mouvoir? Le bonheur des Saints gissant dans l'action, n'est au plus qu'un plaisir dont l'usage est conditionnel, & par conséquent un plaisir imparfait. Or des Etres glorifiés par un Dieu, doivent être doués de toutes facultés, dans le dégré de la plus haute per-

perfection. S'ils ne le font pas, Dieu ne les a pas gratifiés des qualités es plus excellentes.

Peut-être le repos perpétuel est-il la félicité dont jouissent les Bienheureux. Mais un repos perpétuel, si l'on prend ce mot strictement, n'est point un bonheur. Le sentiment résulte d'un mouvement quelconque. Or, à moins que les Chrétiens ne veuillent soutenir qu'il y a du plaisir à ne point sentir, on ne peut avancer que le bonheur des Saints gît dans le repos. Si les Saints sont dans le repos, ils éprouvent une mort éternelle, non absolue ; car pour que le repos fasse leur félicité, il faut qu'ils ayent au moins le pouvoir de sentir qu'ils sont dans ce repos : autrement ce seroient des thermes inanimés, des corps spiritualisés, c'est-à-dire *diaphanisés*, qui dans le repos seroient privés de tous desirs, de toute satisfaction ; & qui, en leur supposant l'usage de la parole, ne pourroient assurer s'ils sont heureux ou malheureux.

Si par hazard le repos absolu faisoit le bonheur des habitans du ciel, les Chrétiens seroient bien attrapés. Que deviendroient, dans cette supposition, leurs prieres, leurs vœux, leurs offrandes ? Quel regret n'auroient-ils pas de la perte

B

de ces biens immenses qu'ils ont consacrés à l'entretien de ces hommes destinés à la garde des temples, à la célébration des offices, & à chanter les chansons sacrées, composées en l'honneur de ceux qu'ils croyent dans la gloire ? Cependant plusieurs de leurs Théologiens, malgré le cri public qui attestoit des apparitions de divers Saints & Saintes, ont soutenu que les Bienheureux jouissoient d'un repos dont rien ne pouvoit altérer la durée ni troubler la douceur.

Comme on ne peut supposer qu'une ignorance absolue soit un bonheur, je ne m'arrêterai point à chercher comment elle seroit l'essence des délices du ciel. L'ignorance fait le malheur des hommes sur la terre, elle est exclue des attributs du Dieu des Chrétiens : donc elle ne peut être le partage des Saints qui doivent participer à sa félicité. Reste la connoissance de certaines vérités dont la vision exacte suffit seule pour combler tous les desirs de l'ame humaine glorifiée, & le plus grand nombre des Peres du Christianisme n'ont pas balancé à soutenir que la conviction des secrets admirables de Dieu faisoit tout le bonheur de ses Elus. Il falloit bien déterminer la nature de cet état de délices dans lequel on passoit à la mort, pour avoir une sorte de droit d'exiger la multitude de sacrifices qu'il faut faire en cette vie, pour en obtenir la possession.

J'avoue, Sophie, que cette science précise des décrets de Dieu auroit quelque chose de flateur; mais malheureusement pour les partisans de cette hypothèse, le premier homme de leur religion, qui avoit vécu avec Jésus-Christ & appris de lui tout le fin de la chose; Saint Pierre, en un mot, a dit net, que les vérités célestes n'étoient apperçues que de Dieu; & que les Anges souhaitoient inutilement de voir jusqu'au fond. Il y a beaucoup d'apparence que ce desir de voir jusqu'au fond les décrets de l'Eternel, fut la cause du crime des Anges rebelles. Privés de tout plaisir corporel, puisque ce sont de purs Esprits, il paroît qu'il eût été équitable de leur procurer cette connoissance des secrets du ciel, & qu'il a été injuste de les punir d'avoir eu une curiosité si conforme à leur naturel: cependant Dieu les punit d'une maniere à faire trembler quiconque aspire à la béatitude, dans le dessein d'être plus éclairé là-haut qu'on ne l'est ici-bas. Et cette punition, si c'est-là leur crime, comme plusieurs le croyent, est une preuve invincible que la connoissance des vérités divines n'entre pour rien dans le bonheur des Justes.

Où se trouve donc l'excellence de l'objet de la Religion Chrétienne ? Pour moi, je ne la vois nulle part. Elle promet à ses fideles de les conduire à Dieu, c'est-à-dire, au souverain maître de l'univers ; mais on ne sçait où réside cet Etre ni ce qu'il est : son existence est à démontrer, & elle-même n'en a aucunes notions ; du moins, si elle en a, elle ne les communique point. Elle ajoute à cette promesse, pour ceux qui croiront en elle, des récompenses infinies & qui seront telles que ceux qui en seront l'objet n'auront plus rien à desirer : & leur assure qu'après leur mort ils jouiront d'un bonheur éternel. Mais j'examine quel peut être ce bonheur, sur la nature duquel la Religion est muette, & je vois clairement qu'il ne peut consister ni dans l'action, ni dans le repos ; ni dans l'ignorance, ni dans la science absolue : & je me crois en droit d'appeller ce bonheur une chimere, jusqu'à ce qu'on me démontre quelle est son essence. Car enfin, je connois le bonheur dont on peut jouir sur la terre, je j'ai éprouvé plus d'une fois ; & dans quelque circonstance que j'aye goûté le plaisir, jamais mes sens ne me l'ont représenté comme un mal ; cependant qu'exige la Religion en échange de ses promesses pour la vie future ? Elle prétend que nous devons nous priver de tout ce qui peut nous flater, interdire à notre nature tous ses goûts, tous ses penchans, refuser tous ses desirs, ne rien faire même pour sa conservation, ou son bien-être : que la douleur, les afflictions, les mortifications, doivent faire nos délices ; & pour nous engager à nous soumettre aux rigueurs qu'elle nous propose d'exercer sur nous-mêmes, elle nous cite certains hommes qu'elle assure être heureux actuellement, & qui ont passé leurs jours sur la terre dans des austérités qui font frémir la nature.

Un bonheur futur, qui s'achete par tant de peines présentes, a besoin d'être prouvé. Il falloit, pour porter les hommes à le poursuivre, le manifester, le faire toucher au doigt. Le miracle de la manifestation du bonheur des Justes eût été cent fois plus utile, que tous ces prodiges opérés la plupart sur des particuliers dans le secret ; & il étoit de la justice de Dieu de le faire.

On m'objectera que, dans ce cas, il n'y auroit plus aucun mérite à être Chrétien & fidele. Cette objection qui se trouve dans le discours sur les pensées de Pascal est des plus misérables. Quoi! parce que je connois le bonheur attaché à la pratique de la vertu, je n'ai point de mérite à être vertueux ? D'ailleurs, s'il faut absolument jeûner, se battre de verges, résister à ses passions, réprimer ses appétits, pour être sauvé, Dieu pouvoit, s'il trouvoit bon que les hommes fussent sans cesse aux prises avec leurs sens, leur conserver tous leurs penchans, & n'accorder son royaume qu'à ceux qui les auroient vaincus. Vivre sans jouir, n'être doué de facultés que pour s'en interdire l'usage, n'étoit-ce point assez faire pour mériter le Ciel? Dieu donne la vie à un homme qui pendant son séjour sur la terre pourroit vivre heureux: cet homme sacrifie son bonheur à la divinité, c'est lui sacrifier cette vie qu'il tient d'elle: que veut-on de plus?

La Religion ne s'est pas contentée d'imposer aux hommes la nécessité d'être malheureux dans cette vie, sur l'espoir d'un avenir fortuné: elle a encore voulu qu'ils ignorassent absolument l'esfence du bonheur dont elle les flattoit, & qu'ils s'en tinssent aux notions vagues qu'elle leur en donnoit. Peut-être a-t-elle craint qu'il n'en fût des plaisirs spirituels, comme des plaisirs des sens, dont on poursuit la jouissance avec chaleur, mais pour lesquels on ne sent souvent que de l'indifférence dès qu'on en a eu la possession. Cependant les plaisirs du Ciel & ceux qu'on goûte sur la terre sont, au sentiment des Chrétiens, d'une nature si différente, ils sont d'une classe si supérieure les uns aux autres, qu'on n'avoit point à craindre qu'on abandonnât la recherche de ceux-là qui sont éternels & inaltérables, pour se livrer à ceux-ci qui sont passagers, & qui dans leur courte durée même ne laissent pas d'être traversés de mille manieres différentes.

Il faut donc chercher une autre raison qui ait engagé les Prêtres des Chrétiens à retenir les peuples dans une ignorance absolue de la nature du bonheur qu'ils leur promettent après la mort; puisque d'ailleurs, dans la supposition que Dieu eût manifesté à la terre les plaisirs du Ciel, les hommes n'en auroient eu que la connoissance, & non l'usage; ce qui devoit au contraire exciter leurs defirs & leur faire entreprendre l'impossible pour s'en assurer la possession.

La diversité d'opinions sur la nature du bonheur des Justes, semble prouver que ce qui a porté les Auteurs Chrétiens à n'en parler jamais d'une façon précise, est la ressource qu'ils se menageoient par-là, de faire à chaque particulier un paradis conforme à son goût & à ses penchans. Jésus-Christ le premier donna un exemple de cette politique.

L'homme du bas-peuple en général n'aspire à rien tant qu'à la domination. Dans son état il sent tout ce qu'il y a de fâcheux à obéir, & par comparaison juge du plaisir qu'on peut goûter en regnant. Les Apôtres étoient des gens de la lie du peuple: que fait Jésus-Christ pour se les attacher? Vous jugerez, leur dit-il, (a) les douzes Tribus d'Israël. Or, tout le monde sçait qu'en stile Oriental, *juger* se prend communément pour *régner*. Si par hazard ce prétendu fils de Dieu se fût avisé de faire une description du bonheur des Justes, & qu'il eût dit qu'entre les plaisirs dont ils jouissent, l'heureuse égalité est comptée des premieres,

(a) Luc. C. 22. vf. 30.

il auroit été embarrassé à leur trouver dans le Ciel un emploi qui pût convenir à leur ambition.

L'on conçoit difficilement comment des hommes ont eu le front de proposer à leurs semblables de renoncer volontairement à tous les plaisirs sensibles, dans l'espoir de jouir un jour à venir de certaines délices inconnues, dont on n'a même aucun pressentiment. Mais il est encore plus incroyable que des millions d'hommes, parmi lesquels un grand nombre étoit éclairé, se soient laissés persuader par cette poignée d'ignorans que le Christ laissa après sa mort pour fonder son Eglise. Les Chrétiens n'ont pas manqué d'ériger cette persuasion en prodige : Cependant nous verrons dans la suite qu'il n'y en a point eu, & que les causes de l'établissement du Christianisme sont très-naturelles. Ce qui peut seulement paroître singulier dans le nombre des conversions, qu'on n'a pas manqué de grossir chaque siècle, c'est la ridiculité des moyens qu'on fournissoit à ceux qui embrassoient la nouvelle Religion, pour les conduire à la béatitude. Une chose qui n'est pas moins surprenante, c'est que malgré l'esprit philosophique qui a pris le dessus par dégrés, de siècle en siècle, on n'ait point cessé de présenter les mêmes moyens, & que les hommes ayent conservé pour eux le même respect, qu'ils leur portoient dans des temps de barbarie.

Si l'on proposoit ces moyens à un homme de bon sens, mais qui auroit été élevé sans aucune connoissance de Religion quelconque, il croiroit faire grace à celui qui l'instruiroit, en le taxant de folie. Mais vous, Sophie, qui avez acquis par l'étude une connoissance assez étendue des diverses religions du monde & qui surtout sçavez à fond l'histoire de la vôtre, quelque ridicules que soient les moyens que fournit le Christianisme, lorsqu'on les offre détachés du corps monstrueux dont ils font partie, vous serez à portée de juger si j'en impose.

Les Théologiens Chrétiens divisent ces moyens par lesquels ils prétendent qu'on peut parvenir à la béatitude, en deux classes. Comme j'ai résolu de bannir de mes lettres tout ce qui sent l'Ecole, du moins autant qu'il me sera possible, je n'entrerai point dans ces divisions; & je vais vous les offrir comme ils se présenteront à moi en parcourant les livres où ils sont contenus.

Le premier & le plus efficace de tous les moyens de salut qu'offre la Religion, c'est la foi. Saint Paul, qu'on peut regarder, sinon comme l'inventeur de la foi, du moins comme celui qui en a perfectionné l'idée, est si pénétré de l'efficace qu'elle renferme, qu'il ne craint point d'avancer que la justice que Dieu donne, c'est-à-dire, le salut, est répandue sur tous ceux & en tous ceux qui croyent en Jésus-Christ, de quelque Religion qu'ils soient. (*a*) Plus loin en homme qui cherche moins à former des gens vertueux, qu'à s'attirer des sectateurs, il affirme avec assurance que les bonnes œuvres d'Abraham étoient inutiles ; mais que ce Patriarche ayant cru ce que Dieu lui avoit dit, sa foi lui fut imputée à justice (*b*). Enfin l'Evangile nous apprend qu'avec la foi on peut transporter des montagnes d'un lieu à un autre (*c*).

Tous les livres des Chrétiens sont remplis de prodiges opérés par cette vertu qu'on nomme Théologale ; mais les miracles qu'elle a produits sont ou des cures que l'art ou la nature seule pouvoit

(*a*) Rom. III. 22.
(*b*) Rom. IV. 3.
(*c*) Math. XXI. 21.

faire, ou faux. Dans la premiere classe se trouvent ces guérisons de perte de sang, ces boiteux redressés, ces aveugles rendus clair-voyans, cette multitude nourrie avec cinq pains, (trait d'escamotage, s'il est vrai) & tous ces prétendus Possédés délivrés par la vertu de l'imposition des mains des vrais Croyans, ou autrement. Les autres prodiges, s'ils étoient vrais, exigeroient de la part des hommes le plus profond respect pour la foi, mais malheureusement ils sont dénués de preuves; & quand un fait est hors de l'ordre invariable des loix de la nature, il a besoin, pour être cru, des témoignages les plus autentiques. Un miracle tel que celui de la résurrection de Lazare, par exemple, (a) ne sçauroit être reçu pour vrai par une personne de bon sens, sur le simple témoignage d'un homme qui avoit intérêt à l'honneur & à la réputation du Christ; j'y refuse ma créance avec d'autant plus d'opiniâtreté que l'Apôtre affecte de le faire valoir, en supposant que Lazare ressuscita en présence d'un grand nombre de Juifs. Croyez-vous, Sophie, que si un pareil événement arrivoit dans Paris ou dans Londres, quoique le pro-

(a) Joan. IX. 1.

dige fût opéré par des gens d'une Religion opposée à celle qui domine dans ces deux villes, il n'en seroit pas fait mémoire au moins dans quelques regiſtres publics ; qu'un hiſtorien n'en feroit pas mention au moins en paſſant ? On trouvera dans les ſiècles à venir, des actes ou des récits hiſtoriques de tous les prodiges que les Janſéniſtes attribuent à leur Diacre Pâris, & la converſion ſi ſimple en elle-même du Sr. de Montgeron n'y ſera point oubliée. Cependant aucun Ecrivain Juif n'a parlé de la réſurrection de Lazare. Qu'en conclure ? Qu'elle eſt fauſſe.

Si la foi n'exigeoit des hommes que du reſpect pour ſes qualités ineffables, paſſe encore. On en ſeroit quitte à bon marché : mais elle prétend que nous devons croire fermement une foule d'abſurdités, qui toutes choquent la raiſon & le bon ſens ; & elle preſcrit à notre conduite des régles gênantes dont la pratique ne tend à rien moins qu'à la deſtruction totale de notre bonheur, & ſouvent même de tout notre être.

Ainsi pour être, je ne dis pas, ſauvé, mais pour ne pas aller droit en enfer, un Chrétien doit croire fermement & être prêt à donner ſa vie pour ſoutenir que Dieu est éternel, qu'il n'a point eu de commencement, qu'il n'aura point de fin: qu'il est un pur Esprit, sans mélange d'aucune portion matérielle, & que, quoiqu'il soit infini & spirituel, que par son infinité il occupe tout espace, il n'a pas laissé néanmoins de trouver en lui-même la quantité immense de matiere qu'il a fallu pour former le monde: qu'ayant placé l'homme dans ce monde, cette Créature fut méconnoissante envers son Créateur, qu'elle mangea d'un fruit dont l'usage lui étoit interdit, & que l'effet de cette désobéissance influa sur toute l'espece humaine qui n'existoit pas encore, mais qui n'encourut pas moins la haine de Dieu, comme si c'eût été elle qui l'eût offensé.

Dieu, continue la Foi, voyant que les hommes devenoient de plus en plus méchans, s'avisa, pour les faire rentrer en eux-mêmes, de les noyer tous par un déluge, à la réserve de 7 personnes qui, si on en juge par la suite, ne valoient pas mieux que les autres. Le monde s'étant repeuplé d'aussi pervers habitans que les anciens, la Divinité qui vit bien qu'un second déluge n'auroit pas plus d'effet que le premier, imagina un autre moyen de se concilier l'amitié des humains. Dieu avoit un fils, que le Diable lui-même ignoroit, quoiqu'il eût été longtems à la Cour céleste, & qu'il y eût même joué un rôle brillant. Les Chrétiens prétendent que cet enfant avoit été engendré de toute éternité : Ce qu'on en sçait d'ailleurs, c'est que personne n'en avoit jamais ouï parler; & ce silence pourroit faire soupçonner qu'il étoit le fruit de quelques amours secrettes, & qu'il avoit été confié comme Bacchus à des Nymphes qui prirent soin de l'élever dans la nuit du mystere. Quoi qu'il en soit, ce fils fut envoyé par son Pere parmi les hommes, avec ordre de se tenir caché pendant trente ans. Il obéit. Ensuite prenant son essor, il déclara aux Juifs qu'il étoit le fils de Dieu; qu'il étoit ce Messie qui leur avoit été promis & dont leurs Ecritures avoient fait un portrait si avantageux. Les Juifs courent aussitôt à leurs livres & ne reconnoissent point le fils de Marie pour leur Messie : celui-ci s'obstine à vouloir régner sur eux, il veut réformer la loi qu'ils tenoient de son Pere par les mains de Moyse; cette infraction irrite l'Hébreu qui sollicite & obtient du Magistrat Romain qu'il périsse du dernier supplice.

Pendant trois années seulement que dura la Prédication de Jésus, prétendu fils de Dieu, les hommes n'apprirent de sa bouche rien de nouveau ; (a) si ce n'est que de son amour pour son Pere & de l'amour de son Pere pour lui, il étoit né ou procédé, comme le disent les Chrétiens, un troisieme Dieu égal en âge, en qualité, en puissance, aux auteurs de son existence, lequel se nommoit Saint-Esprit. Cependant la foi veut qu'on croye fermement que ce Jésus est venu instruire les hommes, qu'il les a réellement instruits, & que s'il est mort, ç'a été pour mériter au genre humain, par ses souffrances & l'ignominie de son supplice, le pardon du péché du premier homme, & des siens propres; le tout sous certaines conditions que les hommes auroient à remplir.

A la foi se joignent plusieurs autres moyens de salut, qui la supposent dans celui qui les employe, & qui sont d'une nécessité plus ou moins absolue. Ces moyens consistent d'abord à croire pieu-

(a) Joan. XIV. 26. & XV. 26. & XVI. 7. & XX. 22. Rom. VIII. 9.

pieusement tout ce qu'ont décidé ceux qui composent l'Eglise, étant réunis jusqu'à un certain nombre, & formant une assemblée que l'on appelle Concile: à ne point déjeûner tels jours, & ne point manger de chair d'aucun animal qui ait le sang chaud, tels autres: à se fouetter jusqu'au sang dans certains temps & à certaines circonstances: à vendre tout ce qu'on a, pour le distribur aux pauvres & surtout aux Ecclésiastiques: à dire à un Prêtre tout ce qu'on a fait ou eu envie de faire, pour en obtenir la rémission moyennant pénitence ou présent: à manger le plus souvent qu'il est possible le Corps du fils de Dieu, de ce Jésus qui a été pendu, & que les Prêtres sçavent faire descendre quand ils veulent, du haut du Ciel, pour venir se renfermer dans une espece d'*oublie* faite de farine & d'eau. Enfin un moyen de se sauver, & l'un des plus surs de tous, c'est de renoncer au monde, pour vivre dans l'oisiveté, sans être d'aucune utilité à sa patrie, ni au reste des humains, & là résister aux mouvement naturels qui nous portent invinciblement à nous reproduire par l'union des deux sexes, car la chasteté est d'un si grand prix aux yeux de Dieu, si

C

l'on en croit les Chrétiens, qu'en fa faveur il pardonne le parjure, le divorce fans fujet légitime & n'importe quel crime on commettroit pour s'y livrer volontairement & fans contrainte. Témoin cet Alexis qui dans l'inftant même qu'il venoit de jurer à la face des autels d'être à jamais à fon époufe, forma le deffein de l'abandonner, & l'exécuta, quelques remords que dût lui caufer une violation fi formelle de fes fermens.

Comme nous aurons occafion dans la fuite de parler des confeils & des préceptes de l'Evangile, je n'entrerai pas dans un plus grand détail des moyens de falut que fournit la Religion Chrétienne, qui d'ailleurs vous font connus. Je vous ai promis dans cette Lettre de vous donner à la fuite de l'idée que vous pouvez vous former de la Religion, une idée de fon inftituteur; & une feule réflexion précédera l'ébauche que je vous préfenterai de cet homme obfcur qui ne doit fa célébrité qu'aux circonftances dans lefquelles il a apparu au monde, & à la fourbe de quelques-uns de fes Difciples.

Jamais dans aucune légiflation, les moyens ne furent mieux affortis au but que l'on se proposoit d'atteindre. La béatitude que la Religion fait espérer à ses croyans, étant un bonheur indéfinissable, les moyens qu'elle propose pour l'obtenir, sont aussi absurdes qu'elle est chimérique. La plupart des pratiques superstitieuses que cette Secte impose, sont, si l'on en croit ses Prêtres, de profonds mysteres, qu'il seroit dangereux au commun des hommes d'approfondir: & cela devoit être ainsi, parce que la félicité promise à ceux qui soumettent leur entendement à ces pratiques, est elle-même un mystere, dont le développement & la pénétration seroit fatale au corps de l'Eglise. Le moyen le plus sûr de conduire des hommes vers un objet fantastique, étoit de leur faire prendre une route dont ils ignorassent les détours. Si l'on eût dit aux premiers hommes convertis au Christianisme : il est un Dieu, souverain Auteur de tout, qui vous promet de vous faire jouir d'un tel plaisir, ou de tous en général, dans son Paradis, où vous passerez après votre mort, parce que vous n'aurez pas mangé de tel animal, que vous n'aurez point déjeûné & que vous n'aurez point fait d'enfans, tout l'édifice commencé par Jésus-Christ étoit détruit. Les hommes auroient fait d'abord ce raisonnement. Pourquoi nous priver dans ce monde des plaisirs dont on veut nous rassasier dans l'autre ? Si ces plaisirs sont des crimes sur la terre, ils ne peuvent changer de nature dans le Ciel. Cela est clair. Le mal & le bien sont les mêmes partout, & la diversité des lieux ne sçauroit changer l'essence des choses. Ayant donc proposé un avenir tout spirituel & inconcevable, on ne pouvoit indiquer pour y parvenir que des moyens qui choquassent autant le sens commun, que le but vers lequel ils tendent est peu conforme à la saine raison.

MAIS disent les partisans du Christianisme, qu'importe que l'objet & les moyens d'y arriver, soient en opposition avec la raison humaine ? Ne suffit-il pas que ces choses vous soient prescrites par la Divinité, pour mériter l'acquiescement parfait de votre entendement ? Jamais, ajoûtent-ils, on n'a insisté sur le principe que voici : si Dieu lui-même descendoit des Cieux, & qu'il annonçât aux hommes qu'à l'avenir il prétend être servi par eux d'une telle maniere, & que quiconque enfreindra l'ordre qu'il établit dans son culte, sera puni comme désobéissant ;

alors tous ne feroient-ils pas contraints d'accéder à cette Volonté suprême, quelque répugnance qu'ils trouvassent à s'y conformer? Oui, sans doute. Mais que nous sommes loin, Sophie, d'avoir des preuves convaincantes de la divinité de la mission du Christ, & bien plus encore, de celle de sa propre personne!

Cette créature venue au monde, & sans doute engendrée comme les autres, n'a depuis l'instant de sa naissance jusqu'à celui de sa mort, donné aucune marque qui prouvât la supériorité de sa nature sur celle du commun des hommes.

Marie, femme de Joseph & mere de Jésus Christ, se trouve enceinte, quoique son mari eût vécu avec elle sans jamais l'approcher: cela n'a rien d'extraordinaire, & chaque jour fournit de pareils prodiges: quelque divine que fût cette grossesse, Joseph ne laissa pas d'en être allarmé; & la certitude de l'impuissance où il étoit selon quelques historiens, lui devoit fournir sans cesse de nouveaux soupçons sur la fidélité de sa femme. Pour se disculper du crime d'adultere, il est assez vraisemblable que Marie eut recours à l'artifice, & qu'elle aposta quelqu'un, soit l'auteur de sa grossesse, comme le croit Celse, soit un autre, pour dire à Joseph : *fils de David (a) ne crains de recevoir Marie ta femme ; car ce qui est conçu en elle est du Saint Esprit.* Cette prétendue miraculeuse apparition ne satisfit point le bon homme Joseph, & les traitemens qu'il fit à sa femme furent sans doute la cause du voyage qu'elle fit chez Elisabeth, (b), sa cousine, où elle demeura trois mois ; car quelle apparence qu'une jeune femme aimée & respectée de son mari, le quitte pendant un si long espace de temps, pendant un temps surtout où elle dut lui devenir plus précieuse, par les marques qu'elle donnoit de sa fécondité ?

Si Joseph eût ajoûté foi aux discours qui lui furent tenus par l'Ange supposé, son respect pour le fruit du crime de sa femme n'eût point eu de bornes. Il regnoit parmi les Juifs un préjugé trop flatteur pour la famille qui produiroit le Messie, pour que Joseph, tant hébété qu'on voudra le supposer, n'en eût pas profité. Cependant nous le voyons toujours agir en pere humain

(a) Matth. I. 20. traduct. d'Olivetan.
(b) Luc. I. 56.

à l'égard de ce fils: il le fait travailler de son métier, le gronde, lui commande: & de son côté Jésus n'offre rien qui tienne de la divinité. Il apprend à scier & à raboter, se livre aux jeux des enfans (*a*), & se soumet à tout ce que ses pere & mere exigent de lui (*b*).

Le reste de sa vie n'a pas plus d'éclat que les commencemens. Ce que ses historiens rapportent de lui, est contredit par des auteurs illustres, & plus dignes de foi que les Apôtres ou les apologistes du Christianisme, lorsqu'il s'agit de faits éclatans: & dans les choses avancées par les Chrétiens en faveur de leur Christ, & qui ne sont point détruites ou du moins combattues par des Sçavans du premier ordre, on n'apperçoit rien qui décele un Dieu.

Je ne m'appesantirai point sur des miracles, ni sur des traits minutieux, qu'on attribue à Jésus-Christ: assez d'excellens hommes en ont démontré le faux. Des faits de la premiere conséquence, hazardés par ceux qu'on regarde comme les soutiens de la Religion, & reçus par l'Eglise comme indubitables,

(*a*) Evangile de l'Enfance, par St. Thomas: édition d'Edimb. 1590.
(*b*) Luc. II. 51.

feront l'objet de ma critique. Je vous dirai dans ma premiere, ce que j'aurai conclu de la connoissance que j'ai acquise de l'histoire de Jésus; & j'espere vous prouver par ce qu'en ont pensé les premiers Sages des siècles passés, que j'ai raison de ne le regarder que comme un imposteur, ou tout au moins comme un fanatique & un fou. Vous serez surprise, Sophie, de voir disparoître de devant vos yeux une multitude de traits dont à peine vous osez douter & que les apologistes de la Religion n'ont pas rougi de donner comme certains. Vous verrez avec indignation combien de soins ils ont pris pour supprimer les ouvrages auxquels ils n'ont pas répondu; & vous n'aurez qu'un mépris profond pour ces allégaions que font avec emphase les Docteurs, lorsque voulant captiver un esprit au dessus du commun, ils ont recours à cette futile ressource des monumens autentiques, qu'ils prétendent avoir perdus, dans des siècles où la raison avoit encore la force de combattre le fanatisme.

La plus légere attention vous suffira pour pénétrer tout le mystere obscur qui fait la base de votre Religion: & le ridicule de l'objet qu'elle propose, & des moyens qu'elle offre à employer pour y parvenir, n'aura plus rien de singulier, lorsque vous aurez une idée formée de ce Jésus qui en est l'auteur, ou du moins qui a fourni l'idée à ceux qui ont digéré & mis à exécution ce projet si fatal au genre humain. De tous les ouvrages sortis de la plume des modernes anti-chrétiens, je n'en connois aucun écrit en notre langue, où l'on ait employé contre la religion les preuves que je vous exposerai. Les Athées l'ont attaquée par ce qu'elle a de contraire à la raison, sans prendre garde de confondre ce qui contrarie cette raison ou seulement est au dessus d'elle. Les Déistes, par l'admission d'un Etre souverain, se lient eux-mêmes, & dès qu'ils ont reconnu la toute-puissance en Dieu, on ne manque pas du côté des Chrétiens de leur dire que la révélation qui fonde le Christianisme, est immédiatement sortie de cette toute-puissance : allégation qui leur ferme la bouche. Quant aux Chrétiens qui l'ont osé combattre, cette Religion, qui leur est propre, peu ont été au fond; & le plus grand nombre s'en est tenu à la ridiculiser, sans la démontrer fausse.

LETTRE III.

Mission de Jésus-Christ.

SI nous voulions nous servir de raisonnemens aussi foibles, que ceux dont certains Apologistes de la Religion Chrétienne se sont servis, nous réclamerions ici les ouvrages perdus, qui contenoient en détail la vie & toutes les actions de Jésus. Les Chrétiens ne seroient pas fondés à les rejetter, comme leurs ennemis le sont à regarder comme faux tous ces monumens qu'une aveugle piété fait respecter, encore que l'existence en soit au moins douteuse.

Les livres dont nous parlons sortent de la plume des compagnons mêmes du Christ, de leurs contemporains, ou de gens qui ont vécû peu de tems après eux, & qu'un suffrage universel a fait regarder longtems comme très-dignes de foi. Vous comprenez assez, Sophie, que je parle de cette multitude d'Ecrits, sous le titre d'Actes, d'Evangiles, d'Apocalipses, &c. qui se répandirent dans le monde incontinent après la mort du fils de Marie. Ces ouvrages, dont les plus fameux font l'Evangile de l'Enfance, celui des Hébreux & celui des Caïnites, ont été d'abord respectés par l'Eglise naissante, & ensuite supprimés par l'Eglise formée: l'intérêt les avoit admis dans le tems; un autre intérêt les fit proscrire dans la suite. On n'a pas cependant laissé que de placer au rang des Saints ceux qui, pour la défense de la Religion, avoient employé ces ouvrages qu'on traite aujourd'hui d'Apocriphes. Preuves que, dans le syftême du Christianisme, le mensonge utile n'est point un crime; car si ces livres ne sont qu'un tissu d'impostures, de faits non prouvés, comme l'ont décidé les Conciles qui les ont supprimés, les Peres qui s'en sont servis, & qui des principes qu'ils contenoient ont tiré des conséquences fatales à leurs ennemis, ont visiblement employé le mensonge pour la défense de la vérité: ce qui ne s'accorde nullement avec les loix de la morale.

J'AJOÛTE que les ennemis de la Religion ont pour eux des preuves certaines de l'existence de ces ouvrages; preuves qui consistent dans les Actes canoniques de leur suppression: au lieu que les Chrétiens n'ont pour assurance de la réalité des monumens dont ils regrettent la perte, que les allégations, variées même, de quelques-uns de leurs partisans : témoignage insuffisant pour former le moindre dégré de certitude.

Aux Actes des Conciles qui proscrivent les anciens monumens de l'humanité, de la Religion, se joint une preuve encore plus convaincante de leur existence. Plusieurs Peres nous en ont conservé des fragmens assez considérables. Il en est même quelques-uns qui ont bravé les recherches attentives des Prêtres, & que des Curieux conservent entiers dans leurs Bibliothèques. Que les Chrétiens nous donnent d'aussi bons garans par rapport à ces écrits dont ils prétendent que la découverte seroit d'un si grand poids pour prouver tout ce qu'ils avancent. Je les en défie. N'allez pas croire, Sophie, que ces ouvrages supprimés comportassent en eux rien qui pût les faire rejetter quant aux sujets qu'ils traitoient, ni quant à la maniere dont ces sujets étoient traités. L'exacte probité, ni les mœurs les plus saines, n'y pouvoient trouver rien à redire. Mais un vice plus essentiel entraîna leur condamnation. Leurs auteurs ne disoient que ce qu'ils avoient vû, & n'étoient point dogmatiques; c'en étoit plus qu'il n'en falloit. Ceux d'entre eux qui avoient écrit sur le rapport d'autrui, avoient en bonnes gens raconté tout ce qu'ils avoient ouï dire, & vous jugez bien par-là du peu d'accord qui devoit se trouver entre eux. Cette mésintelligence leur fut fatale.

On choisit donc, quand on se vit assez fort pour ne pas craindre un démenti, tout ce qu'on trouva d'ouvrages dans le grand nombre, qui pouvoit être favorable à la Religion qu'on vouloit établir, ou plutôt perpétuer. L'Eglise crut avec raison qu'il lui seroit plus facile de concilier entre eux un petit nombre d'auteurs, revus par elle-même, que de mettre d'accord une foule d'écrivains qui s'entredétruisoient.

Quand les Prêtres furent convenus entre eux des livres qu'ils devoient conserver, & de ceux qu'ils rejetteroient, ils s'assemblerent en Concile. Tous les Ouvrages concernant le Christ furent mis pêle-mêle en apparence, sur un autel préparé artificieusement & de manière que les proscrits tombassent à terre. Après mille prieres ou autres cérémonies qu'il seroit inutile de rapporter, on fit jouer la machine, mais elle ne fit pas tout l'effet qu'on en attendoit. Un grand nombre des volumes rejettés resterent sur l'autel, & Dieu permit que le mensonge fût encore respecté des hommes pendant près de deux siècles, au bout desquels on déclara nettement aux peuples, que l'Eglise n'entendoit à l'avenir reconnoître pour vrais que les ouvrages qui nous restent encore aujourd'hui, & qu'on nomme canoniques.

Telle est l'autenticité des ouvrages qui attestent la mission de Jésus-Christ. D'après une telle conduite, qui pourroit s'assurer si les livres qu'on a supprimés, parce qu'ils nuisoient à la cause, n'étoient pas ceux qui contenoient réellement les gestes du Christ; & si ceux qu'on a conservés ne sont pas des récits fabuleux, soit par rapport aux faits, soit par rapport aux circonstances dont ils sont accompagnés pour l'ornement. Nous ne sentons rien qui nous parle en faveur des miracles des Evangiles qui nous restent, préférablement à ceux qui contiennent les Apocryphes. Les auteurs des uns & des autres étoient Juifs; & quand leurs écrits nous seroient parvenus tels qu'ils sont sortis de leurs mains, notre conviction n'en auroit pas pour cela un dégré de force de plus. Ces écrivains étoient Juifs, &, vous le sçavez, Sophie, cette nation a toujours passé pour être entachée d'une superstition non seulement différente de toutes les sectes payennes, mais de plus elle est particuliérement taxée du ridicule que donne une aveugle crédulité. Tous les récits extraordinaires qui viennent de leur crû, ont toujours été regardés comme frivoles par les Sçavans & les Philosophes de toutes les nations: témoins le *Credat Judæus Apella, non ego* d'Horace (a)

Les Chrétiens prétendent que l'acception qu'a fait l'Eglise des faits contenus dans l'Evangile, est une preuve de leur réalité. Mais si l'on démontre aux Chrétiens que leur Eglise a vénéré, & exigé le respect des peuples pour des faits démontrés faux, qu'elle rejette aujourd'hui comme tels, ou sur lesquels elle garde un profond silence, laissant à chacun la liberté d'en juger à son choix, je ne sçais de quel côté ils se retourneront pour avoir des preuves de l'autenticité de leurs Evangiles. C'est ce que je vais entreprendre contre eux. Cette maniere de les combattre me paroît

(a) Horat. 1. Saty. V. vs. 100. 101.

d'autant meilleure qu'une fois l'erreur de l'Eglise prouvée, la Religion est renversée de fond en comble; car la Religion, dans ce qu'elle a de mystérieux surtout, n'a d'autre base que l'Eglise. D'ailleurs beaucoup d'auteurs ont mis dans un grand jour & la fausseté de quelques faits principaux rapportés dans l'Evangile, & les contradictions manifestes qui regnent entre eux; je ne ferois que les répéter. Qu'a fait l'Eglise alors ? Elle s'est décorée du titre d'infaillible, a soutenu à ses adversaires que les contradictions qu'ils appercevoient n'étoient qu'apparentes, qu'elle ne les pouvoit voir, elle; parce qu'elle étoit éclairée d'en-haut. Et quant aux faits, elle n'a pas craint de dire hautement qu'ils étoient d'une certitude au dessus de tout soupçon, puisqu'ils étoient contenus dans des livres dont elle acceptoit & croyoit fermement les dogmes, sur la vérité desquels elle ne pouvoit errer.

Ce ton d'autorité ne m'en impose point. Si l'Eglise a employé, pour prouver la mission de son instituteur, de faux faits, un seul même qui soit démontré tel, je me crois en droit de rejetter tous ceux qu'elle me proposera,

s'ils

s'ils ne peuvent résister à l'examen en preuves d'une sévere & saine critique. Or nous allons voir que l'Eglise a fait usage de plus d'un mensonge, par rapport à la mission de Jésus-Christ. Je ne tirerai ces fausses allégations que des auteurs dont elle a approuvé les ouvrages, & des écrivains qu'elle a même canonisés.

Le premier qui se présente à moi est la Relation que les Chrétiens prétendent avoir été envoyée par le gouverneur de la Judée, sous l'autorité duquel Jésus-Christ fut jugé, condamné & crucifié, à l'Empereur & au Sénat Romain.

Cette pièce, où l'on suppose que Ponce Pilate a parlé si fort en faveur du Christ, étoit d'un grand objet pour la Religion Chrétienne : elle justifioit pleinement l'innocence de Jésus ; & la scélératesse des Juifs qui, par leurs calomnies, l'avoient fait condamner, étoit mise dans son plus grand jour. Justin Martyr en fut l'inventeur. Ce Pere qui vivoit cent ans après Jésus, faisoit sa résidence à Rome, où il disputoit avec les philosophes, & sur-tout avec un certain Crescens, fameux Cynique. Il fit une apologie pour ceux du parti de

Christ, & c'est dans cet écrit qu'il donne pour preuve de la vérité de tout ce qu'il dit, les Actes de Ponce Pilate. Voici ses propres termes. *Quant aux merveilles opérées par notre Sauveur*, dit-il (a), *vous pouvez les apprendre des Actes qui sont dans vos archives, & qui ont été dressés par Ponce Pilate.*

Ce fait a paru si certain à un moderne, qu'il n'a pas craint de s'exprimer ainsi. ,, Nous sommes assurés qu'il s'est
,, perdu un Acte très-autentique, & le
,, plus autentique même, qui pût sortir
,, des regiftres payens : je veux parler
,, de la relation qui fut envoyée par le
,, Gouverneur de Judée. Crescens, *con-*
,, *tinue-t-il*, eût pû facilement décou-
,, vrir si Justin qui allegue cet Acte fai-
,, soit une fausse allégation, ou s'il ha-
,, zardoit une fausse citation. Si cela
,, eût été, Crescens n'eût pas manqué
,, de dévoiler au public une pareille su-
,, percherie ..... ajoutons à cela que l'a-
,, pologie qui réclame cet Acte public,
,, étoit dédiée à un Empereur très-éclai-
,, ré, & à tout le corps du Sénat Ro-
,, main. Ce Pere parlant, dans son a-
,, pologie, de la mort & des souffran-
,, ces de Notre-Seigneur, & de ses mi-

(a) Justin. Martyr, Apolog. 2e.

„ racles, donne à l'Empereur comme un
„ témoignage de la vérité de ces faits,
„ les Actes de Ponce Pilate, &c." (*a*)

LA plupart des apologistes qui ont précédé Addison, n'ont pas manqué de faire valoir ces Actes, ou plutôt cette relation. Ils en ont parlé diversement, cela est vrai : mais tous se sont accordés à supposer que Pilate y faisoit une exacte description des faits miraculeux du Christ, & qu'il y insistoit fortement sur son innocence. Mais 1°. quelle vraisemblance qu'un Gouverneur, écrivant à ses Maîtres, justifie dans ses dépêches un homme qu'il vient de condamner à la mort comme coupable ? Il faut bien peu connoître les loix de la politique pour le présumer. Car de deux choses l'une, ou Pilate regardoit Jésus comme innocent, ainsi que le veut insinuer S. Marc (*b*), ou il le croyoit coupable & assez coupable pour mériter le supplice. Dans la première supposition, de quel front annoncer à un Sénat auguste qu'on vient de faire périr un innocent en son nom ? Qu'on ne dise point que Pilate avoit de son côté pour justifier son injustice, la crainte d'une révolte de la

(*a*) Addison de la R. Chr.
(*b*) Quel mal a-t-il fait ? Marc. XV. 14.

part du peuple Juif : car les Romains alors n'avoient point à craindre de cette nation, qu'ils tenoient dans les fers.

Dans le second cas, si Pilate croit Jésus vraiment digne de la mort à laquelle il le condamne, l'on ne voit pas quelle raison peut l'engager à devenir son apologiste. Si Pilate eût commis une telle imprudence, elle eût suffi pour le perdre dans l'esprit des Romains, qui l'auroient regardé comme un homme vendu au parti Chrétien. Mais comme cette secte étoit encore au berceau, il n'y a nulle apparence qu'un Gouverneur de Judée ait voulu risquer sa place & sa vie, pour être protecteur des partisans d'un homme qu'il venoit de condamner au dernier supplice.

Si Pilate a écrit comme on peut le présumer d'après l'usage établi, à l'Empereur & au Sénat Romain, il y a certitude qu'il n'a point fait dans ses lettres l'éloge du supplicié. Qu'il ait raconté autant & plus de merveilles de Jésus, dans sa relation, (cela peut être) que les Evangélistes-mêmes ; on n'est pas fondé à le nier : mais s'il a agi ainsi, la pièce fait contre les Chrétiens, loin de leur être favorable ; parce qu'il n'aura pas manqué d'ajouter que ces merveilles étoient de l'invention des sectateurs de Jésus, & que les ayant vérifiées, il les a trouvées fausses.

2°. Avant que Justin écrivît son apologie, il y avoit quelques Romains d'un certain nom, qui tenoient pour le Christianisme; des Sénateurs même à ce que prétendent les Chrétiens. Or ces hommes convertis à la nouvelle foi, & instruits des affaires de Rome, n'auroient pas manqué d'appuyer Justin, qui réclamoit les Actes publics: ce qui n'est pas arrivé, & ce qui m'autorise à conclure ou qu'ils n'existoient pas, ou qu'ils étoient indifférens au Christianisme.

3°. Les Chrétiens n'ayant pour garant de l'envoi de cette relation, que Justin Martyr, homme qui a fait peu de figure dans le monde, & dont on ne lit plus les ouvrages, ont cherché dans l'antiquité quelque écrivain de bonne réputation, qui vînt concourir avec Justin à confirmer ce fait. C'est sur Tertullien qu'ils ont jetté les yeux.

„ Le Prêtre de Carthage, *dit un Auteur Chrétien,* parle de ces mêmes
„ Actes lorsqu'il dit au Gouverneur de
„ Rome, que Tibere ayant reçu une re-
„ lation de la Palestine en Syrie, au su-
„ jet d'une personne divine qui parut en

» ce pays-là, y fit une sérieuse atten-
» tion, & menaça de punir quiconque
» accuseroit les Chrétiens (a)".

La citation que je mets sous vos yeux, est peut-être un des traits les plus frappans de l'impudence des Apologistes Chrétiens. Voici le fait. Tertullien (b) dans son Apologie tâche d'insinuer que si les Chrétiens ne peuvent être d'aucune utilité dans l'ordre civil, du moins ils ne peuvent nuire à l'harmonie; pour preuve de ce qu'il avance, il rappelle à ses lecteurs leurs vertus sociales, entre autres leur douceur dans les épreuves; & tire cette conséquence, qu'il y a quelque chose de divin dans l'établissement du Christianisme; puisque sans opposer autre chose que la patience, aux moyens violens qu'on employoit contre eux, ils n'ont pas laissé que de s'aggrandir, & de former un corps considérable, dans le nombre duquel on compte plus d'un Sage & plus d'un Grand. On sent assez que les persécutions du premier âge de la Religion sont rappellées en cet endroit & c'est à ce sujet que Tertullien parle en ces termes: *Consulite commentarios vestros*. Mais pourquoi renvoye-t-il

(a) Traité de la R. Chré. p. 33. t. 1.
(b) Apol. Chap. 5.

les Romains à leurs regiſtres ? C'eſt uniquement pour leur prouver que la Religion Chrétienne fut perſécutée dès ſon berceau. Voici les propres termes de Tertullien. „ *Conſulite commentarios veſ-* „ *tros ; illic reperietis primum Neronem in* „ *hanc ſectam, tum maximè Romæ, orien-* „ *tem, Cæſariano gladio ſæviiſſe.* Liſez „ vos regiſtres ; vous y apprendrez que „ Néron le premier de tous les Empe- „ reurs, a perſécuté cette Religion lorſ- „ qu'elle étoit encore en ſa naiſſance."

Au ſuffrage de Tertullien, les Apologiſtes Chrétiens joignent celui d'Euſèbe. Mais nous allons voir que ce Pere n'a pas plus connu ces Actes de Pilate, que ſon prédéceſſeur Tertullien. Pour vous convaincre de plus en plus de la mauvaiſe foi des Chrétiens, je crois utile de vous rapporter le paſſage du défenſeur de la Religion, déjà cité : le voici ; il ſuit de près celui que je viens de citer. „ Euſèbe, *dit-il* (*a*), fait men- „ tion du même Acte (de Pilate). Ecou- „ tons Euſèbe. Comme c'étoit une cou- „ tume inviolablement obſervée, dit- „ il, (*b*) que les Gouverneurs envoyaſ- „ ſent aux Empereurs des relations de

(*a*) Addiſon §. 1.
(*b*) Euſèb. Hiſt. Eccl. Lib. II. Chap. 1.

„ ce qui arrivoit de nouveau & d'ex-
„ traordinaire dans l'étendue de leur
„ province, Pilate ne manqua pas *sans
„ doute* de faire fcavoir à Tibere le
„ bruit qui s'étoit répandu dans la Pa-
„ leftine, touchant la réfurrection du
„ Sauveur, fes miracles, & l'opinion où
„ plufieurs étoient de fa Divinité; &
„ Tibere rapporta au Sénat ce qu'il en
„ avoit appris ".

Il faut être Chrétien, pour prétendre tirer parti d'un tel paffage. Eusèbe, comme vous voyez, ne dit pas un mot de ces Actes. Fondé fur l'ufage, il prétend feulement que Pilate n'a pas manqué *sans doute* d'envoyer une relation touchant le Chrift, comme on étoit dans l'habitude de le faire dans les circonftances extraordinaires. Mais qui nous affurera que les merveilles de la vie, de la mort & de la réfurrection du Sauveur étoient affez extraordinaires, pour mériter que Pilate en fît l'objet de fes dépêches: ou, s'il en a parlé, ainfi que le croit Eufèbe, qui fera le garant qu'il n'en a fait mention feulement que dans le ton apologétique? D'après le paffage d'Eusèbe on eft fondé à croire que Pilate n'a parlé des prodiges attribués au Chrift, que comme d'un bruit populaire, semé par les premiers Chrétiens, & qui s'est dissipé dès qu'on en est venu aux preuves.

Depuis Tertullien & Eusèbe, qui n'auroient en rigueur que Justin Martyr pour garant, il ne se trouve aucune preuve de l'existence de l'Acte de Pilate, qui mérite d'être rapportée. Au contraire les plus célebres critiques ont rejetté le fait de l'existence de cette relation, entant qu'elle étoit favorable aux Chrétiens, comme une invention faite à plaisir.

Il est vrai cependant que quelques apologistes ont objecté un passage du même Tertullien qui est conçu en ces termes. " *Tiberius ergò, cujus tempore nomen christianum in sœculum introivit, annunciata sibi ex Syriâ Palestinæ, quæ veritatem illius (Jesu-Christi) revelarat, detulit ad senatum, cum prærogativâ suffragii sui. Senatus, quia non ipse probaverat, respuit. Cæsar in sententia mansit, comminatus periculum accusatoribus christianorum (a).* L'Empereur Tibere, sous lequel le nom Chrétien commença à se faire connoître, proposa au Sénat de recevoir au nom

(a) Apol. Chap. 5.

„ bre des Dieux Jésus-Christ, dont il
„ avoit appris les merveilles, par les
„ avis que lui en avoient donnés ceux qui
„ commandoient pour lui dans la Pa-
„ lestine, qui est le lieu où notre maî-
„ tre avoit premiérement annoncé le
„ mystere de sa Divinité. Ce Prince
„ témoigna d'abord qu'il inclinoit à lui
„ ordonner les honneurs qu'il rendoit à
„ ses Dieux. Le Sénat rejetta sa pro-
„ position & ne voulut pas approuver
„ un Dieu qu'il n'avoit pas reconnu.
„ Tibere demeura ferme dans sa réso-
„ lution, & menaça de sa disgrace
„ ceux qui entreprendroient d'accuser
„ les Chrétiens (a) ".

Nous examinerons ci-après la fausseté de cette proposition de Tibere au
Sénat: Il ne s'agit ici que de la Relation de Pilate. Ce passage de Tertullien n'ajoute rien aux preuves du fait
en question. Car 1°. il n'y est pas dit
un mot de Pilate. 2°. Les avis que Tertullien prétend ici qui furent donnés à
Tibere, ne sont point de la premiere
main, c'étoient des nouvelles de ceux
qui commandoient pour lui, c'est-à-
dire, de ses émissaires, & non du Gouverneur. 3°. C'étoient des Actes pri-

(a) Version de Girry, ou Giry.

vés, & non adressés au corps du Sénat ; puisque, comme le dit Tertullien, Tibere rapporta ce qui y étoit contenu au Sénat. Mais il y a plus : outre qu'il y a un sentiment qui veut que le passage de Tertullien soit falsifié, on ne s'est point encore accordé dans la maniere de le lire. Les plus sçavans Chrétiens n'ont pas craint d'avancer que Tertullien s'en étoit laissé imposer. Tannegui-Le-Fevre le pense ainsi, & Havercamp, l'un des plus sçavans critiques, dans ses notes sur Tannegui, rapporte les raisons que ce Commentateur a eues pour rejetter ces Actes de Pilate. Dupin (a), Basnage (b), Thomasius (c), Le Clerc (d) & le sçavant Christophle (*) ont placé ces Actes dans la classe des fraudes pies inventées par les premiers Chrétiens pour l'honneur de leur maître.

Ce suffrage des Sçavans, la foiblesse des témoignages que les Chrétiens rap-

(a) Biblioth. Eccl. t. 1. p. 24. edit. des Huguetans.
(b) Ann. Ecclef. t. 1. p. 433.
(c) De Cautelis circa Histor. Ecclef. §. 1. à Christo nato §. 12.
(d) Histor. Eccl. ad ann. XXIV. §. 96.
(*) Jacques Christophle Iselin de Bâle ; t. 32. p. 147.

portent en faveur de l'exiſtence des Actes de Pilate, joint aux raiſons que nous avons données de leur impoſſibilité, en-tant que propres à favoriſer le Chriſtia-niſme, démontrent en rigueur que Pilate n'a point écrit à l'Empereur ni au Sé-nat Romain; ou que, s'il l'a fait, ce n'a point été, comme le prétend Juſtin, pour les juſtifier & engager Rome à to-lérer ou même autoriſer leur ſecte; mais plutôt, comme nous l'avons dit, pour montrer à ſes maîtres qu'il n'avoit point abuſé de l'autorité qu'ils lui confioient, en condamnant un homme, dont on di-ſoit quelque bien, il eſt vrai, parmi la lie du peuple; mais duquel les merveil-les n'avoient de réalité que dans l'eſprit de ceux qu'il avoit imbus de ſon fana-tiſme.

Quelle perte pour les Chrétiens de n'avoir point eû parmi eux quelque four-be aſſez hardi pour oſer donner dans les premiers tems de leur Ere au public, ſinon les Actes ou la relation originale de Pilate, du moins des copies de ces Actes! C'eût été un trophée indeſtructi-ble élevé à la gloire de leur Religion. Ce fait prouvé, ils auroient pû dire, avec un de leurs anciens défenſeurs, que

Pilate au fond de sa conscience croyoit en Jésus-Christ. (a) Mais par malheur toutes les preuves manquent, & plus on lit & l'histoire des Chrétiens & celle des Payens de ce tems-là, & plus on est convaincu que ni Pilate, ni l'Empereur, ni le Sénat, ne regarderent jamais Jésus que comme un fourbe qui voulut profiter de la double entente des écritures des Hébreux, pour passer de son obscurité natale à la royauté où cette nation devoit élever son libérateur.

Que penserez-vous, Sophie, de la divinité de la Mission du Christ, si je vous prouve ainsi la fausseté, ou l'incertitude de tous les faits éclatans, qui seuls pouvoient la manifester? Le miracle auquel les Chrétiens ont recours pour persuader les peuples de cette divinité, à le bien prendre, est du ressort de la foi; puisqu'il est hors des loix de la nature, & que tout ce que nous avons de lumieres naturelles, ne sçauroit concevoir comment il s'opere. Pour nous convaincre de la réalité du miracle, il faut donc, au moins, commencer par forcer notre esprit de reconnoître les faits purement historiques. Or ces faits historiques sont démontrés ou faux, ou dou-

(a) Tertullien.

teux ; & ma premiere vous le prouvera. Elle fera d'autant plus amufante pour vous, que je n'y employerai que des monumens qui vous font inconnus, & des rapports d'hiftoriens qui ne fe trouvent pas communément. Je ne vous dirai pas comme les Docteurs du Chriftianifme : je vous montrerois de belles chofes, fi elles n'étoient pas perdues ! J'aurai toujours le foin de vous indiquer les fources où je puife les raifons de ma critique. Cette précaution eft d'autant plus utile, qu'elle vous met en état de réfifter aux fophifmes éblouiffans de ceux qui, comme S. Matthieu, (*a*) veulent vous perfuader que la divinité de la miffion du Chrift n'étoit plus un problême, dans le tems même qu'il vivoit, & qu'il enfeignoit fa doctrine.

(*a*) Matth. Chap. IV. vf. 24. 25.

LETTRE IV.

Suite de la Mission de Jésus-Christ.

CE n'étoit point assez pour les Chrétiens que d'avoir travesti Ponce Pilate en sectateur zélé de Jésus, ils ont cru & avec raison qu'un Empereur tel que Tibere lui feroit un honneur infini en se déclarant en sa faveur & le respectant comme un Dieu. En effet la conversion de Tibere eût donné un grand relief au Christianisme. Mais la dévotion de Pilate & l'adoration de Tibere peuvent être placées dans la classe des mensonges pieux dont les Chrétiens ne sont point avares, dès que leur intérêt parle.

TERTULLIEN parmi les anciens est le seul qui nous parle de la proposition que l'Empereur, qu'il suppose instruit de la vie miraculeuse du Christ, fit au Sénat, de l'admettre au nombre des Dieux de l'Empire. *Le Sénat,* continue Tertullien, *ne voulut pas approuver un Dieu qu'il n'avoit pas reconnu* (a).

(a) Apol. Chap. V.

Ce passage me paroît peu clair, car que veut dire, qu'il ne veut pas approuver un Dieu qu'il n'a pas reconnu ? C'étoit une même chose que de reconnoître Jésus-Christ pour un Dieu, ou de l'approuver comme tel. Les Romains n'étoient pas fort scrupuleux sur cette reconnoisance, un petit nombre de faits suffisoit pour exiger leur culte. Or, Tibere leur propose d'admettre un Dieu au Panthéon : la premiere démarche à faire par le Sénat, c'est d'informer de la vie & des actions de celui qui fait l'objet de la proposition, ou s'il est déja déifié par quelques nations, d'examiner la nature des motifs qui ont déterminé la déification. Tertullien auroit dû nous donner une raison plus formelle du refus du Sénat : celle qu'il nous apporte n'en est pas une.

Eusèbe qui rapporte en passant ce fait, s'exprime ainsi (a). " La Compa- ,, gnie rejetta l'affaire sous prétexe de ,, ce qu'au mépris de l'ancienne loi de ,, la République, on n'avoit pas eu re- ,, cours à son autorité pour le mettre ,, nombre des Dieux (b) ".

1°. Je

___
(a) Hist. Eccles. Lib. II. C. 2.
(b) Vers. de Cousin.

1°. Je demande aux Chrétiens si tous les Dieux du Panthéon avoient été placés au rang des Immortels par le Sénat Romain, entr'autres ceux des nations auxquelles la République donna des fers, & dont quelques-uns dattoient de bien des siècles avant la fondation de Rome?

2° Les anciennes loix de la République n'avoient sous les Empereurs d'autre force que celle qu'ils vouloient bien leur laisser; & il seroit bien singulier que les Romains qui ne pouvoient faire valoir ces anciennes loix contre la volonté des Empereurs qui attentoient continuellement à leurs libertés, les eussent maintenues en vigueur pour refuser à Tibere un plaisir qui ne pouvoit alors avoir aucune suite dangereuse.

Paul Orose, historien du cinquieme siecle, attribue le refus du Sénat sur la proposition de Tibere, à la haine que Séjan, favori de l'Empereur, portoit au Christianisme. *Consecrationem Christi recusavit (Senatus) edictoque constituit exterminandos esse urbe Christianos, præcipuè cùm & Sejanus, Præfectus Tiberii, suscipiendæ Religioni obstinatissimi, contradiceret. (a).* Mais ce sentiment d'Orose ne

(a) Oros. lib. 7. ch. 4.

peut être d'aucune valeur aux yeux de quiconque entend l'histoire Romaine. Il eût suffi au Sénat que Séjan eût répugné à l'admission du Christ au nombre des Dieux, pour qu'il l'y eût placé. Séjan étoit en exécration au magistrat & au peuple Romain : il étoit devant eux coupable & des crimes de Tibere & des siens, parce qu'on sçavoit qu'il avoit la plus grande part aux affaires. Le Sénat auroit bien mal entendu ses intérêts, en négligeant cette occasion de mortifier un homme dont il ne pouvoit souffrir la faveur, sans donner aucun désagrément à l'Empereur, & lui marquant même par-là le plaisir qu'il avoit à l'obliger.

D'AILLEURS les variations qui se trouvent dans les témoignages que nous fournissent les Chrétiens, de la vérité de la proposition de Tibere au Sénat, suffiroient pour nous en démontrer la fausseté, quand la connoissance que nous avons de cet Empereur, ne nous le représenteroit pas comme incapable d'une telle démarche. Tibere étoit ennemi de tous rits étrangers, il étoit irréligieux & fataliste : *Circa deos ac religiones negligentior*, dit un historien bien instruit de sa façon de penser (*a*). Rien ne le con-

─────────────
(*a*) Sueton. in Tiberio, 69.

duisoit à groſſir les objets d'un culte qu'il mépriſoit.

En employant ainſi le menſonge pour le ſoutien de la religion, les Chrétiens n'ont-ils pas ſenti qu'ils nuiſoient à leur cauſe? Une preuve foible, une ſeule allégation hazardée eſt capable de décréditer & la cauſe défendue, & celui qui la défend, dit Correvon, Auteur Chrétien. Sur ce principe, quel mépris ne doit-on pas avoir pour un homme dans la vie duquel tous les faits éclatans que l'on en rapporte, ſe trouvent faux, dès qu'on y porte le flambeau de la critique?

Telle eſt cependant, Sophie, la fatalité attachée au Chriſtianiſme. Les ſeuls Défenſeurs de cette Religion rapportent les faits éclatans par leſquels ils prétendent que Jéſus s'eſt fait connoître au monde: & à peine les publie-t-on, qu'une foule d'Ecrivains reſpectables viennent les démentir, ou nous montrer par leur ſilence que ces faits n'ont eû d'éclat que ce que leur en ont donné ceux qui les ont inventés. Pour comble de malheur, dès qu'éclairés par la critique ſur la ſuppoſition de quelque fait, nous voulons nous inſtruire plus particuliérement ſur le perſonnage qui le premier l'a avancé, il arrive presque toujours que nous le trouvons tel que sur son rapport nous hésiterions à croire le fait le plus simple, & l'événement le plus ordinaire, encore que Rome l'ait placé au Panthéon Chrétien.

Ce Justin Martyr duquel nous tenons le fait des Actes envoyés par Ponce Pilate à l'Empereur Tibere, sçavez-vous quel genre d'homme c'étoit ? Non sans doute. Je vais vous l'apprendre. C'est, de l'aveu des Chrétiens-mêmes, un des Peres qui a donné le plus de prise aux Critiques : crédule jusqu'à l'imbécillité, il adoptoit, non tout ce qu'il sçavoit, mais tout ce qu'on lui assuroit être favorable au Christianisme ; & le Commentateur de l'auteur du Traité de la Religion Chrétienne ne craint pas de dire que son respect religieux pour les Sybilles, & sa créance sur les cellules des 70 Interprêtes du Vieux Testament sont des fautes impardonnables. Quoi qu'il en soit, Justin Martyr avoit des qualités ; & peut-être eût-il été honnête homme s'il n'avoit été enyvré du fanatisme de la Religion.

Tertullien qui n'a été que l'écho de Justin, quant au fait en question, étoit un Sçavant du temps; mais ce qu'il avoit acquis de talens étoit gâté par une imagination déréglée, & par un zêle amer qui lui rendoit odieux tout ce qui n'étoit point Chrétien: encore pour lui plaire falloit-il penser comme lui. Marcion hérétique est traité par lui de matelot, comme si cette qualité emportoit l'infamie après elle. Mais lorsque Tertullien traite ainsi un homme d'un certain mérite, se rappelle-t-il que le Prince des Apôtres, que S. Paul a convaincu d'être une bête, n'avoit été avant sa conversion qu'un misérable pêcheur? Il continue plus loin ses invectives contre Marcion, & ne sçachant plus que lui dire il l'appelle Scythe. D'où vient ce mépris des premiers Chrétiens pour les nations qu'ils ne connoissoient pas? Ce ne peut être que d'un fonds de préjugé qui leur faisoit regarder comme barbares les peuples qui n'adoptoient point leurs dogmes. On pouvoit objecter à Tertullien que la Scythie, quand elle n'auroit produit qu'Anacharsis, étoit bien supérieure à la Judée, qui n'a jamais eu l'honneur de donner un philosophe au monde.

Au reste il y a bien à rabattre des éloges que les Chrétiens donnent à ce Pere. Son ardeur inconsidérée pour sa religion l'a souvent mis dans le cas de ne pas être judicieux. Son extravagante crédulité se prouve par un seul trait. Contre l'opinion de sa secte, il croyoit l'ame matérielle. Pour prouver son sentiment il allegue les rêves d'une femme connue dans l'histoire pour enthousiaste, & qui assuroit avoir vû une ame (*a*). Le goût du merveilleux dominoit dans Tertullien, & la plus apocryphe relation, ou le récit du plus méprisable des humains lui suffisoit en fait de prodiges. C'est sur le témoignage de gens de la lie du peuple, de ces hommes qui courent par le monde sous le nom de Pélerins, qu'il assure qu'il a paru dans l'air, au dessus de Jérusalem, une ville magnifique. Mais n'y a-t-il que du goût pour le merveilleux dans ce trait (*b*)? Je crois, avec plusieurs, qu'il n'adopta cette vision que parce qu'elle favorisoit son système sur le régne de mille ans. Egalement adonné à l'enthousiasme, caractere marqué d'extravagance, il se rangea du parti des Montanistes, & ce fut cette chute, si

---

(*a*) Tertull. de anima, p. 311.
(*b*) Tertull. adv. Marc. III. 24.

c'en est une, qui lui fit refuser le titre de Saint, qu'alors on prodiguoit si légérement à des hommes qui à bien des égards le méritoient moins que lui, & qui avoient tous ses vices & d'autres, sans l'ombre même de la vertu.

Je me suis un peu écarté de mon sujet pour vous parler de Justin & de Tertullien : j'ai crû nécessaire de vous donner une idée de ces Peres dont le témoignage est invoqué continuellement par les Chrétiens. Vous êtes à présent en état d'aprécier au juste le dégré de croyance que méritent leurs récits. Vous n'en jugeriez pas ainsi, si vous ne connoissiez Tertullien, entre autres, que par ce qu'en dit l'Abbé Houteville. A en croire cet Apologiste, qui n'est après tout qu'un pitoyable plagiaire, on trouve dans les ouvrages de Tertullien tout ce qu'on peut desirer, dogme, discipline, mœurs, histoire profane, sacrée, monumens rares ou uniques &c. Je ne m'arrête qu'au dogme. Pour être un parfait Chrétien, faut-il croire, d'après le Prêtre de Carthage, que l'ame est matérielle ? Mais continuons d'examiner la réalité des faits avancés par les Chrétiens, pour prouver l'éclat qu'avoit fait la Mission de Jésus, & qui, selon eux, manifesterent sa Divinité à toute la terre.

LETTRE V.

Suite de la Mission de Jésus-Christ.

JE vais mettre sous vos yeux, ma chere Sophie, un de ces traits qui caractérisent mieux qu'on ne le peut exprimer l'esprit d'imposture qui domine dans les sectes religieuses. C'est un fait éclatant qui, si les Chrétiens l'eussent solidement prouvé, nous garantissoit la véracité de l'Evangéliste Matthieu, & donnoit un grand poids à l'opinion de la Divinité de la Mission de Jésus.

Au temps de la prédication du Christ il y avoit en Syrie un petit Souverain qu'on appelloit Abgare, qui portoit le titre de Roi d'Edesse. Ainsi que Pharaön étoit le nom commun de tous les Rois d'Egypte, Abgare étoit celui de tous les Monarques d'Edesse; de-là vient la difficulté de sçavoir précisément à l'égard de quel homme une chose est arrivée, & de-là aussi le soin des Juifs & des Chrétiens d'employer des noms génériques, pour désigner ceux qui ont été les objets de la haine ou de l'amitié de leur Dieu.

Les Chrétiens prétendent que leur instituteur étoit déjà tellement connu de son vivant, qu'Abgare, Roi d'Edesse, instruit de ses merveilles & prévenu miraculeusement de sa Divinité, lui écrivit une Lettre, dont on ignore la datte, mais qui est conçue en termes si favorables au dogme de l'origine céleste de Jésus, qu'un Théologien à gages ne s'expliqueroit pas différemment sur cette obscure matiere. J'insere ici la Lettre du Roi, & la réponse qu'y fit Jésus-Christ.

ABGARE, *Roi d'Edesse*,
à Jésus, Sauveur, plein de bonté qui paroît à Jérusalem,

Salut.

,, On m'a raconté les merveilles &
,, les guérisons admirables que vous opé-
,, rez. Vous rendez la santé aux mala-
,, des sans herbes & sans médecine. Le
,, bruit est que vous rendez la vue aux
,, aveugles ; que vous faites marcher
,, droit les boiteux & les estropiés ; que

„ vous guérissez les lépreux ; que vous
„ chassez les esprits malins des corps;
„ que vous faites succéder la santé aux
„ maladies longues & incurables, & que
„ vous ressuscitez les morts. Suivant
„ ces nouvelles, *je crois que vous êtes Dieu,*
„ *qui avez voulu descendre du ciel, ou que*
„ *vous êtes le fils de Dieu,* qui opérez
„ ces miracles. C'est pourquoi j'ai osé
„ vous écrire cette Lettre, & vous sup-
„ plier de prendre la peine de me venir
„ trouver, pour me guérir d'une dou-
„ leur qui me tourmente. J'ai appris
„ que les Juifs vous persécutent, qu'ils
„ sont irrités de vos prodiges, & qu'ils
„ cherchent à vous faire périr. J'ai ici
„ une ville belle & commode, quoi-
„ que petite, vous y aurez tout ce qui
„ vous sera nécessaire.

Réponse de JÉSUS-CHRIST.

„ Vous êtes heureux, ô Abgare, de
„ croire en moi, sans m'avoir vû. Car
„ c'est de moi, qu'il est écrit : *ceux qui*
„ *m'auront vû ne croiront point en moi,*
„ *afin que ceux qui ne m'auront point vû*
„ *croyent, & reçoivent la vie.* Vous me
„ priez de vous aller voir : mais il faut
„ que j'accomplisse ici les choses pour

„ lesquelles je suis envoyé, & que je re-
„ tourne ensuite à celui qui m'a en-
„ voyé. Quand j'y serai retourné, je
„ vous enverrai un de mes Disciples,
„ afin qu'il vous guérisse, & qu'il vous
„ donne la vie, & à ceux qui sont avec
„ vous".

C'est d'Eusèbe que nous tenons ces deux pièces sur lesquelles il y a tant à dire (a). Pendant un temps leur autenticité a été soutenue par le plus grand nombre des Chrétiens ; mais ceux qui les ont rejettées, quoique inférieurs en nombre, n'ont pas laissé que de l'emporter sur la multitude des fanatiques. Dans ces derniers temps, un sçavant Chrétien a fait voir par de puissantes raisons que les Lettres en question étoient une supercherie de la façon d'Eusèbe;
„ & les Peres du Concile de Nicée,
„ *dit-il* (b), n'auroient pas manqué pour
„ établir la Divinité du Verbe contre
„ les Ariens, de se prévaloir du témoi-
„ gnage formel du Roi Abgare, s'ils
„ l'avoient crû autentique". Cela est hors de doute; mais le Pere Colonia n'auroit pas dû nous cacher que le Pape Gé-

(a) Euseb. Hist. Eccl. Lib. 1. 13.
(b) La Rel. Chr. autorisée par les Payens : par le Pere Colonia.

lafe, loin de reconnoître la vérité du fait des Lettres d'Abgare & de Jésus-Chrift, les avoit profcrites comme apocryphes, dans un petit Concile compofé de 70 Prélats, tenu à Rome l'an 494.

GUILLAUME CAVE & le Docteur Grabe (a) ont foutenu que vraiment le fils de Dieu & le Roi d'Edeffe avoient été en correfpondance ; & je fuis bien furpris que l'Abbé Houteville n'ait pas employé ce fait en preuve. *Il ne convenoit pas*, dit le fçavant Anonyme qui l'a réfuté (b), *au défenfeur du paffage de Jofeph, de méprifer cette hiftoire.* Phrafe ironique, qui femble indiquer que la même crédulité qui lui avoit fait foutenir le paffage de Jofeph, pouvoit bien lui faire adopter l'hiftoire fabuleufe qu'Eufèbe rapporte ; ou plutôt que la Lettre d'Abgare & la réponfe de Jéfus-Chrift étoient propres à convaincre des efprits affez faciles pour admettre le paffage de l'hiftorien Juif.

POUR fentir combien peu eft fondé le fentiment de Cave & de Grabe, il fuffit de jetter un coup d'œil fur les annales

(a) Spicilegium 55. patrum.
(b) Remarq. fur la VIe. Lett. p. 117.

ecclésiastiques de Basnage (a). Thomasius (b) traite ces deux Lettres *de pure fable* & donne d'excellentes raisons pour s'y autoriser. Quan au poids du témoignage de Grabe, en particulier, voyez l'histoire ecclésiastique de Le Clerc. Ce sçavant Critique ayant eu cent occasions de relever les inepties du Docteur, le désigne en ces termes (c), *Grabius apocryphorum nimis studiosus*, & fait assez connoître que les défenseurs de cette pièce, en quelque nombre qu'ils fussent, ne sçauroient effacer le caractere indélébile qui s'y trouve empreint, de petitesse & d'improbabilité.

L'AUTEUR de la Bibliothèque Orientale, qui voulut prendre parti en faveur des deux Lettres (d), fut impitoyablement critiqué par l'un des Journalistes de la Bibliothèque Italique (e), qui finit sa glose en disant qu'il est très-probable qu'Eusèbe ne pouvant ravir au Judaïsme la gloire qu'il lui revenoit de la conversion d'Izate, Roi des Adiabéniens, & d'Hélene sa mere, entreprit de lui oppo-

(a) T. 1. p. 253. 281.
(b) De cautelis circa hist. Eccl. §. 13.
(c) Hist. Eccl. ann. 29. §. 12. & seq.
(d) Mr. Assemani, Bibl. or. t. 1.
(e) Bibliothèq. Italique, tome treizieme, page 10.

ser un Roi, qui par sa conversion au Christianisme lui fît autant d'honneur, que le précédent en avoit fait à la religion des Juifs.

Les noms de tous les Sçavans que je viens de vous citer, ne vous sont point inconnus, & vous scavez, Sophie, que parmi eux, ceux qui ont combattu l'autenticité des Lettres d'Abgare & de Jésus, sont d'une réputation bien supérieure à celle des écrivains qu'ils ont critiqués. Mais, disent les Chrétiens, quelle apparence qu'un historien tel qu'Eusèbe ait forgé deux Lettres, qu'il rapporte en termes originaux; lui qui peut passer pour celui de tous les anciens Auteurs Ecclésiastiques, qui a le moins aimé le merveilleux ? Quelle apparence, je réponds aux Chrétiens ; quelle apparence qu'Origène, ce Pere si attentif à saisir tout ce qui pouvoit favoriser sa secte, & qui, dans la chaleur du zele qui l'animoit, a soutenu que si Dieu n'étoit pas un corps, il n'étoit rien, ait passé sous silence un trait qui fait tant d'honneur à Jésus-Christ ? Quoi de plus propre à terrasser Celse, contre qui Origène écrivoit, que ces paroles du Roi d'Edesse : *Je crois que vous êtes Dieu, ou le fils de Dieu?* Je veux encore qu'Origène ait ignoré les deux Lettres en question, ce qui n'est gueres vraisemblable; mais S. Augustin, qui a tant fait de recherches sur les monumens ecclésiastiques, a-t-il pu oublier un fait de cette importance? Il y a plus: un Saint que la grace n'a cessé d'accompagner depuis l'instant de sa conversion, peut-il mentir & par son mensonge flétrir l'honneur d'un prédécesseur illustre? je ne le crois pas. C'est cependant ce qu'a fait S. Augustin, si les Lettres sont vrayes, car il assure positivement, dans son livre de l'harmonie de l'Evangile, que Jésus-Christ n'a rien laissé par écrit. Mais du tems de S. Augustin, les Lettres dont nous parlons avoient des défenseurs: or si S. Augustin ne disoit pas vrai, en soutenant que Jésus-Christ n'avoit rien laissé par écrit, d'où vient ne pas le convaincre d'ignorance ou d'imposture, en recourant aux archives d'Edesse, où certainement l'on n'a pas manqué de conserver la mémoire, au moins de la Lettre du fils de Dieu au Roi Abgare?

Si nous remontons plus haut, nous trouverons un témoignage bien plus autentique de la fausseté de ces Lettres. Je parle du silence des quatre Evangélistes, & des autres Disciples du Christ qui ont écrit sa vie en détail. Et enfin si ce fait eût été réel, Jésus-Christ auroit-il eu besoin de demander aux siens *que disent les hommes qui je suis?* Vous le sçavez, lui auroient répondu les Apôtres, le Roi Abgare vous l'a témoigné par écrit.

Vous avez vu que Jésus, dans sa Lettre au Roi d'Edesse, lui promet un de ses Disciples pour le guérir & tous ceux de sa suite. Il étoit essentiel que le fils de Dieu ne manquât pas à sa parole, d'autant plus que comme Dieu il a dû connoître les dispositions secrettes du Roi qui le prioit de venir le voir en personne. Qu'ont fait les Chrétiens? Ils ont avancé hardiment qu'en effet Jésus-Christ avoit envoyé, après sa mort, un de ses Disciples au Roi Abgare. Eusèbe de Césarée, qui nous apprend cette ambassade Chrétienne, raconte que ce fut Thadée, l'un des soixante-dix Disciples, qui fut choisi pour cette place importante; qu'il logea à Edesse chez un homme nommé Tobie, où il fit maint miracles éclatans, qui vinrent enfin aux oreilles du Roi. Qu'Abgare ayant mandé Thadée, lui

lui demanda s'il étoit le Disciple promis, que celui-ci lui répondit qu'oui ; qu'il étoit venu pour récompenser la foi qu'il avoit eue en Jésus-Christ, par l'ordre exprès de l'Apôtre Thomas. Eusèbe de Césarée ajoute que le Roi répondit : je crois tellement en Jésus-Christ, que sans la crainte que j'ai d'offenser les Romains, je taillerois en pièces les Juifs qui l'ont crucifié. Alors Thadée, continue l'historien, guérit le Roi, & tous les habitans d'Edesse reçurent la doctrine du Christ.

Peut-on mentir aussi impudemment que le fait Eusèbe de Césarée ? Il met cependant le comble à son imposture en affirmant qu'il a tiré ce trait des archives d'Edesse. Mais 1°. S. Jérôme sur des preuves du genre de celles d'Eusèbe, soutient que ce fut l'Apôtre St. Jude, & non le Disciple Thadée, qui alla à Edesse. 2°. Quelle apparence qu'un petit Roi tel qu'Abgare, maître d'une seule ville, se soit crû assez puissant pour exterminer la nation Juive, quand même elle eût été privée du secours des Romains ? 3°. Comment Eusèbe, qui a tiré l'histoire de Thadée des archives d'Edesse, n'y a-t-il pas relevé en même temps des copies exactes des Lettres qui

F

avoient donné lieu au voyage de ce Disciple ? Et pourquoi enfin ne pas y avoir pris les dattes de ces deux événemens ? Pourquoi ? Parce que le fait & la datte du fait ne s'y trouvent point. La conclusion me paroît bonne.

C'est ainsi, ma chere Sophie, que les Chrétiens succombent dans l'allégation des faits, sur lesquels la critique peut porter son flambeau. Il semble pourtant que ceux-là seuls démontrés vrais, pourroient forcer l'esprit à se soumettre. En effet, que prétend un homme qui pour me prouver la vérité de la Divinité de sa Mission, me rapporte des faits obscurs, des événemens qui n'ont eu pour témoins que les complices de son fanatisme, ou les intéressés à sa fourberie ; si d'un autre côté les parties éclatantes de sa vie qu'il me raconte, ne sont qu'un tissu de faits non prouvés ou démontrés faux ? Ne suis-je pas en droit de dire à Jésus-Christ : qui est cet homme qui veut me persuader ? Je croirai en vous, lorsque vous me montrerez des faits arrivés pendant le cours de votre prédication, aux yeux de personnes qui n'ayent nul intérêt à votre cause ; ou des faits n'importe de quelle espece, de la vérité desquels je pourrai m'assurer, aidé des lumieres de ma raison : & dès qu'une fois je serai convaincu de cette maniere, j'accepterai sans examen tout ce qui viendra de vous, ou de votre part; encore même que ma raison prétendît s'y opposer; car je sçais qu'un Dieu peut faire bien des choses au dessus de l'esprit humain.

LETTRE VI.

Idée du Peuple Juif, d'où sortent les Chrétiens.

J'AI toujours pensé, ma chere Sophie, qu'on pouvoit regarder le Christianisme, comme une secte du Judaïsme. La religion de Moyse, depuis son établissement, avoit été déchirée par une infinité de schismes, qui lui avoient été plus ou moins préjudiciables : celui auquel Jésus donna lieu lui fut le plus fatal, parce qu'il arriva dans un temps où tout étoit divisé dans Israël; & la division qui régnoit alors, peut être regardée comme l'unique cause du progrès de la Religion Chrétienne.

EN vain pour voiler cette origine obscure, & se disculper du reproche que les Juifs font aux Chrétiens, lorsqu'ils les traitent d'enfans rebelles & ingrats, les défenseurs de la Religion ont soutenu que leur Eglise étoit formée par les Gentils: il suffit que les Apôtres & la plupart des premiers prédicateurs Chrétiens fussent Juifs, pour que l'on soit fondé à soutenir que la religion du Christ n'est autre chose qu'une secte Judaïque, qui avec le temps s'est entièrement séparée de son corps primitif.

Si l'on examine attentivement la conduite de Jésus-Christ, les expressions sorties de sa bouche, & les ordres mêmes qu'il donne aux Prédicateurs qu'il détache en mission, on sera parfaitement convaincu qu'il n'avoit d'autre ambition, que d'être un hérésiarque. Mais une multitude de circonstances, toutes plus inespérées les unes que les autres, en ont fait un Dieu, & son opinion particulière est devenue par les mêmes causes la Religion d'un grand nombre d'hommes.

Les Chrétiens, sortis des Juifs, ont conservé quelque tache nationale: leur crédulité sur-tout n'a pas été moins loin que celle de leurs Peres, qui formoient, si nous en croyons l'histoire, la plus imbécille de toutes les nations.

L'ORIGINE des Juifs est peut-être la plus méprisable qui soit au monde. Quelque lustre que des historiens sacrés & profanes ayent essayé de lui donner, leur supposition ne l'emportera jamais sur le témoignage autentique de Manéthon & de Chérémon, auteurs Egyptiens, qui nous apprennent qu'une multitude de Lépreux & autres hommes infectés de maladies contagieuses ayant été chassés de l'Egypte par un Roi nommé Aménophis, furent les peres du peuple de Dieu, & qu'un Mage d'Héliopolis, nommé Moyse, devint leur chef par élection, leur fabriqua une religion mélangée des divers cultes qu'il connoissoit, & leur donna des loix.

CETTE opinion a eû le suffrage de toute l'antiquité, & si l'on remarque quelques variations sur le nom du Roi d'Egypte qui expulsa ces Lépreux, du moins n'en apperçoit-on aucune, ni sur leur expulsion, ni sur la filiation des Juifs qui en sortirent.

A la honte d'une si odieuse origine, qui rendit la nation Juive l'objet du mépris de tous les peuples, se joignent une foule de défauts, de vices essentiels, qui la firent regarder avec horreur depuis le premier instant de sa formation, parce que l'on n'appercevoit dans ceux qui la composoient aucune qualité qui pût balancer ses mauvais penchans. Il n'est point de nation, disoit un fameux Empereur, (a) qui ne soit distinguée par quelque endroit, les unes par leur puissance, & leurs richesses, les autres par leur sagacité ; celles-là par leur esprit, & celles-ci par leur industrie, & leur adresse ; mais pour les Juifs, continue-t-il, ils ne sont jamais sortis de leur obscurité primitive, & le mérite est inconnu parmi eux.

C'est à-peu-près sur le même ton que tous les anciens historiens ont parlé des Juifs, sans respect pour le beau titre de peuple de Dieu qu'ils s'étoient donné.

Il est impossible de refuser sa croyance à tant d'auteurs célebres, qui malgré les récits admirables des miracles que les Juifs prétendent que Dieu a opérés lors de leur sortie d'Egypte, leur ont soutenu constamment que les maux dont ils étoient infectés, avoient été cause de leur expulsion. Mais quelle que fût leur origine, ils l'auroient fait oublier, s'ils eussent eû assez d'émulation pour partager les lumieres qui se sont répandues de

(a) S. Cyrille contre Julien, l. 5.

siècle en siècle sur toutes les nations. Bien loin de sortir de l'ignorance, où ils durent nécessairement tomber, dans le temps qui s'écoula entre leur banissement d'Egypte, & celui où ils formerent enfin un peuple, & possederent des villes, on les a toujours vû être les plus stupides des humains. L'état d'humiliation où nous les voyons aujourd'hui, l'ignorance où ils vivent, le titre de fripon qui leur est affecté, en un mot tout cet attirail d'opprobres & d'ignominies qui les caractérise & les distingue des autres hommes, ont été presque toujours l'appanage de cette nation. Jamais les arts ni les sciences ne furent l'objet de la curiosité des Juifs : la seule superstition domina chez eux, & de ce côté-là ils l'emporterent sur le reste du monde. Il est facile de juger qu'un peuple aussi profondément enseveli dans l'ignorance, & d'ailleurs superstitieux, n'avoit point de mœurs. Aussi tous les historiens qui ont connu le peuple de Dieu, s'accordent à nous le représenter sous les traits odieux, de perfide, d'inconstant, de cruel, & tel enfin qu'un homme jaloux de sa gloire refuseroit d'en être le Souverain.

Moyse, par une politique assez mal

entendue, avoit inspiré à ses Juifs une aversion parfaite pour tous ceux qui n'étoient point de la Religion qu'il leur avoit prescrite: Et si ce fut un moyen d'affermir sa puissance, cela devint dans la suite une des principales causes de l'anéantissement de la nation.

Tous les peuples avoient pour les Juifs non seulement du mépris, mais encore de la haine. Ils se croyoient fondés à haïr des hommes qui avoient en horreur tous les habitans de l'univers, uniquement parce qu'ils avoient une religion différente de la leur : & ils l'étoient en effet. Les Juifs, toujours entêtés de la domination universelle, à laquelle ils aspiroient sans aucun motif raisonnable, s'attiroient assez fréquemment des guerres, dont ils furent presque toujours les dupes. Alors c'étoient les plus souples esclaves; ils n'épargnoient rien pour flatter leurs vainqueurs, pas même les bassesses. Cependant ils ne purent jamais parvenir par ces indignes moyens à se concilier la bienveillance d'aucune nation. Dès qu'on en venoit à la connoissance de leurs pratiques religieuses, un mépris souverain payoit tout l'encens qu'ils avoient prodigué à leurs maîtres. Souvent les vainqueurs des Juifs ne s'en tenoient point aux mépris à leur égard. Leur intérêt & leur amour-propre les portoient quelquefois à les traiter avec une sorte de cruauté, parce qu'on croyoit que cette haine que les Juifs portoient aux autres peuples leur étoit ordonnée par le Dieu qu'ils adoroient (a). Ce fut cette raison qui obligea Antiochus à les traiter avec la plus grande sévérité. "Le Roi, dit un historien (b), détestant la haine des Juifs envers toutes les autres nations, fit immoler un cochon dans leur temple; & fit répandre le sang de cette victime odieuse sur leurs livres sacrés en vengeance de ce qu'ils autorisoient cette haine injuste.

Quoi de plus humiliant pour les Chrétiens, que d'avoir pour pères des hommes si méprisables & du côté de l'esprit & du côté du cœur? Quelle honte pour des hommes parmi lesquels il s'en trouve d'un génie supérieur, de tenir leur entendement asservi à des dogmes qui n'ont eû pour inventeur qu'un vil ouvrier sorti de cette méprisable nation, & pour premiers sectateurs que des gens de la

(a) Photius. lib. 34.
(b) Diod. de Sicile.

lie d'un peuple qui lui-même eſt la lie du genre humain ?

Chez les Romains, cette nation qui a brillé par l'éclat de tant de vertus, le Juif étoit dans une ſorte d'exécration. Il ſuffiſoit de l'être, pour que l'on fût ſoupçonné des vices les plus infâmans. Ces malheureux que Néron proſcrivit comme coupables de l'incendie de Rome, ne furent pas convaincus d'en être les auteurs ; mais l'Empereur en uſa ainſi (*a*) parce que comme Juifs d'origine, il les crut capables de commettre un tel forfait en haine du genre humain. Je n'ai garde, Sophie, de les charger d'un crime dont ils n'ont été que ſoupçonnés ; mais pour juſtifier l'horreur que les nations avoient du peuple de Dieu, il n'eſt pas inutile de rappeller ici leur conduite à l'égard de tout ce qui n'étoit point Juif. Tacite nous apprend d'eux qu'ils refuſoient à ceux qui n'étoient point circoncis juſqu'aux plus ſimples ſecours, comme d'enſeigner un chemin, indiquer une fontaine ; & ſi c'eſt Moyſe, comme il paroît par leurs livres, qui leur a preſcrit ces loix barbares, on peut à juſte titre le regarder comme un monſtre né pour le malheur des humains.

(*a*) Tacite, annal. lib. 15.

Quand vous connoîtrez à fond le caractere de la nation Juive, connoissance qu'il vous est facile d'acquérir si vous vous appliquez à l'histoire, vous serez moins surprise de la conduite des Chrétiens, qui sont comme une branche sortie de cette souche corrompue. Les sectateurs du Christ dans les premiers temps de leur association agirent positivement comme les Hébreux : ils en avoient presque tous les vices, & haïssoient comme eux tous les hommes qui n'embrassoient par leurs folles opinions. Jésus-Christ avoit en plus d'une occasion donné l'exemple de cette haine, & le Nouveau Testament est rempli de passages qui prouvent qu'elle faisoit une partie de la nouvelle religion.

S. Pierre qui avoit trop peu de jugement pour prévoir quelles seroient les suites de cette haine, en fut souvent l'apologiste : mais Paul jugeant bien qu'en perpétuant cette inimitié, elle deviendroit un jour aussi fatale aux Chrétiens, qu'elle l'avoit été aux Juifs, fit ce qu'il put pour la détruire. Le Chef de l'Eglise se comportoit en homme religieux jusqu'au fanatisme : l'Apôtre des Gentils agissoit en ambitieux qui sacrifie sa croyance à son agrandissement.

Au reste, quand il ne seroit pas aussi démontré qu'il l'est, par le sentiment de toute l'antiquité, que le peuple Juif est le plus méprisable de tous ceux que l'on connoît, ou qu'on a connus ; que par conséquent tout ce qui vient de sa part ne peut exiger la croyance d'un homme sensé, parce que son caractere principal est la fourbe & la superstition ; je dis plus, quand la nation Juive mériteroit ce respect, cette vénération qu'on défere avec tant de justice aux Grecs, & aux Romains, & que la vérité de leurs livres sacrés seroit une chose constamment prouvée, les Chrétiens n'en seroient pas mieux fondés à appuyer leur religion sur celle qu'institua Moyse. Au contraire, la plus saine partie des Juifs ayant refusé de reconnoître Jésus-Christ pour le Messie qui leur étoit promis, c'est un préjugé très-fort pour nous autoriser à les imiter, & à ne regarder le fils de Marie que comme un imposteur. Vous verrez dans ma premiere les raisons qui ont déterminé les Juifs à mépriser le Christ prétendu fils de Dieu ; elles me paroissent très-solides, & telles qu'à leur place toute personne de bon sens auroit agi comme eux.

Je combattrai en même temps le sentiment où sont les Chrétiens sur l'attente du Messie dans laquelle vivoient les Juifs, & qu'ils assurent avoir occupé toute cette nation sans exception pendant tant de siècles. Il s'en faut beaucoup que ce préjugé fût universel parmi les Hébreux ; mais il en coûte peu aux Chrétiens pour altérer la vérité, quand ils croyent le mensonge utile à leurs intérêts.

Adieu, ma chere Sophie. Affermissez-vous de plus en plus dans l'incrédulité : & les progrès que vous y ferez vous découvriront en vous-même des germes de vertus, que la Religion étouffe parce qu'elle a des préceptes contraires à la nature.

LETTRE VII.

Jésus n'a point de ressemblance avec le Christ promis aux Hébreux.

IL eût été plus simple de la part des Chrétiens de supposer tout de suite que les Ecritures des Hébreux avoient été dictées pour eux seuls, que d'avancer que Dieu les avoit données aux Juifs, mais qu'ils ne les ont point entendues. D'où pouvoit venir ce défaut d'intelligence dont les Chrétiens font si gratuitement présent à leurs peres? Est-ce sur le sens littéral ou sur le sens figuré que le Juif s'est égaré? Il n'y a pas d'apparence que ce soit sur le sens littéral; car une nation dans telle ignorance qu'on veuille la supposer, entend la signification des mots de sa langue. Et quand par impossible elle auroit perdu l'intelligence de certaines expressions hors d'usage à l'époque de l'événement qu'elles indiquent, de quel front des étrangers viendroient-ils interpréter & commenter des termes d'une langue dont ils n'auroient nulle connoissance? La langue hébraïque lorsqu'elle étoit vivante n'a été sçue que des Juifs, elle n'étoit employée que par eux & entre eux: dans les divers endroits du monde où les Juifs se sont établis, ils ont adopté la langue du pays qu'ils habitoient; & une preuve convaincante que leur idiome étoit ignoré par-tout, c'est que lorsque des Princes étrangers ont voulu se procurer les livres de Religion ou autres, écrits en Hébreu, ç'a toujours été aux Hébreux mêmes qu'ils ont été contrains de recourir. Or je demande si un Romain ou un Perse à qui ces livres auroient été donnés, auroit eû bonne grace à dire au traducteur ou au commentateur Juif, qu'il n'avoit point entendu sa langue, tandis que lui-même n'en connoîtroit pas seulement les caracteres. Il est possible que lors de la naissance de Jésus, les Juifs n'eussent plus la parfaite intelligence de certains mots de leur langue : mais s'ils ne l'avoient plus, personne n'étoit plus sçavant qu'eux sur cet article.

Quant au sens figuré, ou mystique, c'est une autre affaire. L'intelligence des mysteres cachés sous certaines expressions ne peut dépendre des hommes, parce qu'il y auroit alors autant de sentiment divers sur chaque passage, qu'il y a d'hommes. Cette intelligence, ne pouvant être du ressort de l'homme, il faut de nécessité qu'elle vienne de cet Etre qu'on nomme Dieu. Or de deux choses l'une ; ou Dieu avoit donné les Ecritures à son peuple chéri pour qu'il les entendît, ou il les leur avoit données pour qu'il n'y comprît rien. Dans le premier cas, comme l'intelligence du mystere est au dessus de l'homme, il a fallu que Dieu la donnât à son peuple : & si cela est, ce sont les Chrétiens qui se trompent. Dans le second, si cette intelligence leur a été refusée, c'est qu'apparemment elle leur étoit inutile. Mais si elle leur étoit inutile, quelle raison a pu porter Dieu à les charger d'un Livre qu'ils n'entendoient pas & dont le contenu regardoit les Chrétiens ? On n'en voit aucune, à moins qu'on ne veuille dire que Dieu ayant déterminé que la Secte du Christ se formeroit dans tel siècle, & craignant alors de n'avoir pas le temps ou les moyens de leur rédiger des livres, il les a composés d'avance, & remis entre les mains des Juifs pour qu'ils les donnassent aux Chrétiens lors de l'établissement de leur religion.

Vous voyez, Sophie, tout ce qu'il y a d'absurde dans cette supposition, & l'impossibilité qu'il y a qu'un Etre tout-puissant se soit conduit de la sorte : mais les Chrétiens n'avoient pour justifier leur innovation, d'autre ressource que cette imagination digne à la fois de l'esprit de fourbe qui dominoit dans les auteurs de leur Religion, & de la sorte crédulité de la populace qui l'adoptoit.

L'IDÉE du projet du Christianisme, entant que sorti de la Religion Juive, & qu'il a pour instituteur le fils d'un misérable Charpentier de cette nation, est peut-

peut-être, la plus hardie, si elle n'est la plus folle, qu'on ait jamais pu concevoir. Il falloit prouver à toute une nation qu'elle n'entendoit pas sa langue, qu'elle ignoroit la valeur de ses symboles, que les prophéties que contenoient ses livres & qui lui étoient adressées, ne la concernoient pas; que ce Jésus, qu'on avoit décoré du nom de Christ, étoit vraiment le *Dux* annoncé par les Prophètes, qu'il descendoit directement de David par les mâles jusqu'à sa mere, qu'en un mot il étoit le Messie promis depuis tant de siècles, que les Juifs attendoient tous avec une impatience extrême & générale. Cette entreprise n'étoit pas d'une exécution facile.

1°. Nous avons vû que si les Juifs ignoroient leur langue quant à certaines expressions, tous les peuples de la terre devoient être, à cet égard, dans une ignorance pour le moins aussi profonde. Qu'on ne dise point que les Juifs, gens grossiers & charnels, n'ont pu prendre le sens figuré & mystique de leurs Ecritures, car c'étoient de tous les hommes les plus fins allégoriseurs; & s'ils le cedent par cette fureur pour l'allégorie à quelque nation, je tiens celle qui l'emporte en ce genre pour la plus folle &

la plus méprisable qui soit au monde.

2°. Pour que Jésus ressemblât au Messie promis aux Juifs, il falloit, outre une naissance plus relevée que la sienne, qu'on vît en lui les caracteres désignés par les Prophêtes. Et comment s'y prendre, pour faire jouer à un chétif ouvrier le rôle d'un si grand personnage ? Ajoutez que les écritures, la tradition des Juifs, les sentimens particuliers, l'opinion générale, la personne de Jésus, ses actes privés, & publics, sa doctrine, sa morale, tout combattoit les Chrétiens & parloit en faveur des enfans d'Abraham.

Jésus étoit pauvre, obscur, d'un génie médiocre; le Messie devoit être puissant en richesses, & rendre sa nation florissante; il devoit être un héros, vainqueur de toutes les nations, & sous son régne le Juif n'attendoit pas moins que l'Empire du monde entier : enfin il devoit être aussi puissant en paroles qu'en actions.

Le Messie ne devoit pas naître d'une Vierge; Jésus sort d'une femme que quelques-uns regardent même comme adultere, & qui sont assez fondés à la regarder ainsi.

Le Sceptre ne devoit point sortir

de Juda avant la naissance du Messie; & il y avoit longtemps que le Royaume des Juifs étoit détruit au moment que Jésus vint au monde : six cens ans s'étoient écoulés dans cet intervalle.

Le Messie des Juifs, si l'on en croit leurs livres, ne devoit point être Dieu, ni même un fils de Dieu. Voici quel étoit le personnage suivant Isaïe. ,, J'ai
,, fait sortir le Juste de l'Orient, dit le
,, Seigneur lui-même; j'ai terrassé les
,, peuples devant lui, je l'ai rendu le
,, maître des Rois, j'ai appellé Cyrus
,, par son nom, il est le pasteur de mon
,, peuple, il est mon Christ, que j'ai
,, pris par la main pour lui assujettir les
,, nations à cause de Jacob qui est mon
,, Serviteur : Jérusalem sera rebâtie, le
,, temple sera fondé de nouveau. Cieux,
,, envoyez votre rosée d'en-haut, que
,, les nuées fassent descendre le Juste
,, comme une pluye; que la terre s'ou-
,, vre, & qu'elle germe le Sauveur d'Is-
,, raël. Qui est celui qui vient d'Edom?
,, Quel est ce conquérant, dont la ro-
,, be est teinte de sang, & dont la dé-
,, marche est si terrible? C'est moi qui
,, viens pour défendre & pour sauver.
,, J'ai dans mon cœur le jour de la
,, vengeance; le temps de délivrer mes

„ frères est venu. Personne ne m'a don-
„ né du secours, mon bras seul m'a
„ sauvé, ma colere m'a soutenu, j'ai
„ foulé aux pieds les peuples dans ma
„ fureur, j'ai renversé leur force par
„ terre ; je chanterai les louanges du
„ Seigneur sans discontinuer, pour tous
„ les biens dont il m'a comblé & qu'il a
„ répandus sur la maison d'Israël depuis
„ le commencement du monde. (*a*)"

Je défie le plus fin de reconnoître Jésus dans cette image du Messie. Quels peuples a-t-il terrassés ? De quels Rois s'est-il rendu le maître ? Les Chrétiens qui continuent de faire usage de ce passage prophétique, ont-ils oublié leurs échecs en Terre-Sainte ? Je pardonnerois plus volontiers aux Turcs d'avoir proclamé Saladin le Messie. Il est si vrai que Cyrus est l'objet de ce premier membre de la prophétie d'Isaïe, qu'il y est nommé par son nom. Si elle regarde Jésus, Dieu est un menteur, ce qu'on ne peut supposer.

Quant à ce qui suit, il est si clair que c'est de Juda Machabée qu'il est question, que Grotius & après lui Dom Calmet, n'ont pas osé insister

(*a*) Isaïe, Chap. XXXXI.-53.

sur la raison qu'avoient les Chrétiens de l'appliquer à Jésus.

3°. PARMI les Hébreux il y avoit une infinité de manieres de compter, sur-tout par rapport aux époques: Les Chrétiens n'ont pas manqué de se servir de la division qui étoit entre eux à ce sujet. Ils ont essayé d'ajuster à la naissance de Jésus & les 70 semaines de Daniel & toutes les époques fixées dans l'Ecriture des Juifs pour l'arrivée de quelque événement de conséquence. Pour appuyer leur sentiment par rapport à la durée de ces temps indiqués, qui selon eux expiroient à l'avénement du fils de Marie, ils forgerent un mensonge par lequel ils assuroient que tous les Juifs étoient dans l'attente du Messie au temps où ils supposent que le leur est né. Mais il est également faux que les époques marquées dans l'Ecriture, dont font usage les Chrétiens, aboutissent à la naissance de Jésus; & qu'en ce temps les Juifs attendissent généralement un Messie. Les Juifs, qui mieux que personne entendent leurs manieres de calculer, ont démontré aux Chrétiens que leur erreur étoit des plus grossieres, par rapport à ces époques; & ils l'ont fait d'une façon si claire & si convaincante, que je ne m'y arrêterai pas. D'ailleurs cette matiere exige de longues dissertations; & elles vous ennuyeroient, sans vous instruire.

Mais une chose qui vous surprendra & qui mérite une sérieuse attention, c'est que l'attente du Messie, répandue généralement chez les Juifs, est une invention des Chrétiens. Elle l'avoit été autrefois, il est vrai; mais depuis que les époques indiquées pour ce grand avénement s'étoient écoulées, & que les événemens accessoires avoient eu leur accomplissement, les Juifs, en général, n'attendoient plus personne. On objecte qu'il est si vrai qu'ils étoient dans cette attente, que la stérilité étoit une sorte d'infamie parmi eux pour celle qui en étoit frappée. C'est toujours par la confusion que les Chrétiens répandent sur les disputes, qu'ils s'en tirent. Lors de la vogue de l'opinion de l'attente d'un libérateur, il étoit naturel que les femmes fussent haïes & méprisées, parce qu'elles ôtoient à leurs parens & à leur mari l'espoir de donner un chef à la nation. On s'est accoutumé à ce mépris pour les femmes stériles, & on l'a toujours conservée, quoiqu'on n'attendît plus que le Messie naquît d'aucune d'elles. Au reste, plusieurs familles continuerent d'attendre avec patience cette venue; mais le nombre en diminuoit tous les jours: & vers le temps de Jésus-Christ, il n'y avoit plus gueres que la canaille Juive qui employât cet espoir pour soulager sa misere extrême, & s'endormir dans l'attente d'un meilleur sort.

On parcourt en vain tous les historiens de l'antiquité pour trouver un témoignage de cette opinion Judaïque, on n'en trouve pas un seul. Les Chrétiens sont les seuls qui l'attestent; & comme ils ne peuvent être juges & parties, je me crois en droit de les récuser. Il est cependant un fait, disent les Chrétiens, c'est que les Apôtres, qui étoient Juifs, attendoient le Messie, & qu'ils l'ont reconnu en Jésus. Que les Apôtres espérassent un Messie, on ne le nie pas. Qu'étoient les Apôtres? des gens du commun. Oui, ceux-là précisément attendoient un Messie: nous l'avons dit plus haut. Mais lorsque l'Evangile nous réprésente tous les Pharisiens, les Docteurs de la loi, en un mot tout le Peuple Juif, comme étant de l'opinion qu'il viendroit un

Messie, une telle attente est un trop grand objet aux Chrétiens, pour qu'il nous soit permis de la supposer générale sur leur simple témoignage. Car il n'est que trop plausible que les Evangélistes ont fait raisonner & penser le reste de la nation, comme eux-mêmes pensoient & raisonnoient, & qu'ils ont inséré dans leurs écrits tout ce qui leur est tombé dans l'esprit lorsqu'ils l'ont cru favorable à leur cause. Mais, le silence de cette multitude innombrable de Juifs ne doit-il pas l'emporter sur le suffrage de quatre hommes de la lie du peuple? La conséquence qui se tire du silence du plus grand nombre des Juifs, est d'autant mieux fondée, que les historiens n'ont pas dit un mot de cette attente générale où étoit la nation Juive. Philon historien exact dont les ouvrages roulent en grande partie sur le Judaïsme, paroît avoir absolument ignoré cette opinion, & les termes pompeux de Messie & de Christ, de grand Juge & de Libérateur, lui sont étrangers. Si l'on consulte Josephe, que les Chrétiens citent comme une preuve autentique de l'opinion qui régnoit chez les Juifs, on voit que cet Ecrivain ne prouve rien en leur faveur. Il raconte que la guerre où sa nation trouva sa perte entiere, fut entreprise à cause de l'ambiguité des termes d'une prophétie, qui firent croire à plusieurs qu'en ces temps-là devoit sortir de la Judée un homme qui se rendroit le maître du monde. Les Juifs orgueilleux ne douterent point que cet homme extraordinaire ne fût un de leur race : l'événement les détrompa. Ce héros étoit Vespasien, qui ne sortit de la Judée saccagée, que pour monter sur le trône de Rome qu'on pouvoit regarder alors comme la Capitale du monde.

Un dogme aussi singulier que l'est celui d'attendre un Messie, si les Juifs en sont été prévenus, a dû devenir la marque caractéristique de leur nation. Cependant nul auteur ne les distingue par cette opinion. L'antiquité payenne a toujours regardé avec mépris la nation Juive : ses mœurs, ses loix, ses cérémonies Religieuses, ses points de croyance, ont été la matiere des plus piquantes railleries ; & jamais une seule Epigramme n'a porté sur cette attente.

De tout ce que je viens de dire, je conclus que Jésus-Christ n'ayant aucune ressemblance avec le Messie promis aux Juifs, ne peut passer pour lui. Que la preuve qu'il est véritablement ce libérateur annoncé par les Prophêtes, tirée de l'attente des Juifs, n'a nulle solidité & ne peut être admise. Mais, dira-t-on, les Juifs qui vivent aujourd'hui sont encore entêtés de cette opinion. On ne le nie pas. Pour contraster avec les Chrétiens, force leur a été de recourir à un vieux sentiment qui justifiât leur raisonnement : nous l'attendons ; donc il n'est pas venu ; donc Jésus n'est pas lui. D'ailleurs le Judaïsme est entièrement corrompu de nos jours, & l'on ne peut taxer Abraham de la sotte crédulité qui fait le principal caractere de ses enfans.

LETTRE VIII.

Jésus-Christ n'est point fils de Dieu. Son avénement est contraire à l'ordre des décrets divins.

LES premiers Chrétiens étoient Juifs, & comme tels indignes de toute croyance, ainsi que nous l'avons vû. C'est cependant sur le témoignage d'une poignée de gens de la lie d'une nation, qui elle-même est le rebut du genre hu-

LETTRES à SOPHIE. 107

main; sur le récit d'un maltôtier subalterne, d'un misérable pêcheur &c. qu'est fondée la filiation divine de Jésus-Christ. Il ne faut pas être grand métaphysicien, pour sentir toute l'absurdité qu'il y a dans l'hypothèse qui fait faire à Dieu des enfans; il suffit de concevoir qu'il est impossible à l'Infini de se multiplier. Il est vrai que ce dogme de la filiation divine du Christ n'est ni son ouvrage, ni celui de ses premiers sectateurs. On trouve bien dans l'Evangile & dans les autres ouvrages de ses Disciples des expressions qui semblent insinuer que Jésus est fils de Dieu; mais ces expressions n'ont pas la valeur qu'on leur a prêtée depuis quelques siècles. Dans une langue où tout est figure, & chez un peuple qui se regardoit comme le mignon de la Divinité, les termes Dieu, fils de Dieu, Envoyé de Dieu & autres semblables ne pouvoient manquer d'être fréquemment employés. Mais cette façon de parler, *je suis un Dieu*, ne signifioit autre chose sinon qu'on étoit Dieu; ce qui vouloit dire simplement qu'on étoit Juif; & quelquefois on entendoit par cette dénomination un homme juste & vertueux. Jésus-Christ lui-même ne s'étoit pas formé une autre idée de ces expressions, ou du moins il n'osa leur donner plus de force, lorsque les Docteurs de la loi lui demanderent qui l'avoit fait si hardi de se dire fils de Dieu? N'est-il pas écrit dans vos livres, leur dit-il, *vous êtes des Dieux (a)* ? Par cette réponse, vous voyez qu'il se mettoit au niveau de tous ses compatriotes ; & je crois qu'en effet il ne leur étoit différent en rien, si ce n'est pas son fanatisme.

On trouveroit dans l'Evangile cent passages qui attestent l'humanité de Jésus, si cela en valoit la peine ; comme lorsqu'il y est dit (c'est J. C. qui parle) *mon Pere est plus grand que moi: d'où vient me priez-vous ? à Dieu seul appartient l'adoration &c.* Et il y a même beaucoup d'apparence qu'on eût satisfait à l'ambition du fils de Marie en lui assurant pour la postérité le titre de grand homme, bien éloigné de celui de Dieu.

Quoi qu'il en soit, il étoit promis aux Juifs un Libérateur, quelques-uns l'attendoient, & les Chrétiens prétendent que Jésus-Christ est cet homme admirable. Mais, Sophie, sans entrer dans des discutions ennuyeuses sur cet

(a) Joan. X. 34.

té promesse & sur le caractere du promis, n'est-il pas d'une exacte vérité que Dieu agit toujours, ou du moins qu'ils doit agir par les voyes les plus droites, les plus conformes à ce que nous appellons justice, équité; & que l'obliquité doit être absolument bannie de toutes ses démarches ? On ne peut disconvenir de ce principe, sans détruire toute l'idée qu'on a de Dieu.

Jésus-Christ, entant que fils de Dieu est engendré de toute éternité par son Pere, & cela, disent les Chrétiens, est un mystere d'une obscurité impénétrable aux hommes & aux Anges-mêmes. Quelque répugnante que soit à la Raison la supposition d'une cause & de son effet dont l'existence soit égale en durée, je l'admets pour un moment, & je conviens avec les Chrétiens que le mystere de Dieu est impénétrable. Mais je soutiens que ce mystere caché depuis le commencement de l'éternité, devoit cesser de l'être à la manifestation du Christ. Avant la révélation tout ne doit être qu'obscurité, à la bonne heure : mais dans les temps qui suivent la révélation la clarté doit succéder à l'obscurité, & cela, dans un dégré égal à l'incompréhensibilité qui régnoit dans le temps antérieur. Si Dieu ne se comporte pas ainsi à l'égard des hommes, comment peut-il exiger d'eux qu'ils adorent ses décrets ineffables ? Ses ministres sur la terre, qui nous crient continuellement qu'il faut adorer les voyes inconnues de la Providence, ne seroient-ils pas des gens de la trempe de Don Quichote, qui vouloit forcer ceux qu'il rencontroit de souscrire à l'incomparable beauté de Dulcinée, uniquement parce qu'il assuroit qu'elle étoit la plus belle Princesse qui fût au monde ? Mais revenons. De quoi sert la révélation ? Il semble que son objet est d'apprendre aux hommes ce qu'ils ne sçavent ni ne peuvent apprendre par aucun moyen humain. Or la révélation n'a rien ajouté aux connoissances des hommes sur rien de ce qu'on appelle mystere, & particuliérement sur celui dont il est question, ce qui pourroit former cette proposition: La révélation n'a rien révélé. Car, vous le sçavez, Sophie, *révéler* signifie dévoiler, déclarer, montrer, manifester, ôter le voile, exclure l'obscurité, répandre la clarté sur l'objet inconnu : ce que n'a point fait la révélation supposée par les Chrétiens. La révélation en un mot est venue apprendre aux mortels qu'il y avoit des choses qui avoient besoin d'une révélation immédiate de Dieu pour être comprises.

Pour justifier la déification de Jésus, les Chrétiens soutiennent que tout ce qui s'est passé parmi les Juifs, n'étoit que l'ombre & la figure de ce qui est arrivé parmi eux à l'avénement de leur Christ. Jésus, selon eux, se retrouve dans Melchisedech, Abraham, Moyse, tous les Patriarches, tous les Rois, tous ceux enfin qui dans la nation Juive ont acquis quelque célébrité. Mais c'est en vain qu'ils épuisent leur imagination à faire l'application de certains passages de l'Ecriture à Jésus, & à lui trouver des types dans les personnages fameux dont on y fait mention : Si quelque chose frappe dans les allégories qu'ils prétendent appercevoir dans la Bible, c'est la mauvaise foi & la fausseté des raisonnemens qu'ils employent pour en prouver la justesse.

Dieu ne peut agir, s'il n'agit pour une fin raisonnable. Si Jésus-Christ est, comme le disent les Chrétiens, la fin que Dieu s'est proposée en toutes choses, on doit appercevoir d'une maniere sensible les rapports réels qui se trouvent entre cette fin qu'on peut appeller universelle, & les moyens particuliers employés pour y arriver. La liaison doit être frappante dans tous ces moyens, & l'esprit le moins clairvoyant doit appercevoir distinctement qu'ils aboutissent tous vers cette fin unique. Mais quel rapport entre la conduite du Pere Eternel, depuis la Création du monde, & Jésus-Christ, qu'on regarde comme la fin de cette conduite ? Le peuple Juif, du consentement des Chrétiens, étoit le peuple chéri de Dieu, qui ne faisoit point de difficulté même d'accabler d'autres nations pour leur procurer quelque satisfaction. C'étoit à ce peuple favori de la Divinité que le Messie étoit promis. C'étoit de lui qu'il devoit naître : & ses Prophêtes, ses Ecritures, & surtout ce que lui en avoit annoncé Moyse, son Législateur, le devoit disposer à le reconnoître infailliblement. Cependant il n'a été reconnu que par un très-petit nombre de Juifs, & cette attente qui nous est représentée par les Evangélistes comme une opinion générale parmi les Hébreux, n'est, lorsqu'on l'examine de près, qu'une opinion particuliere à quelque

que familles de peu de considération. Donc, devons-nous conclure, les caracteres qui le désignoient, n'étoient point assez distinctifs. S'ils eussent été marqués au coin de l'évidence, tous les esprits eussent été préparés à le recevoir; tous l'auroient reçu & tous se seroient soumis à lui sans réserve, bien loin de commettre à son égard un crime dont l'idée seule effraye. Mais ce Déicide tant reproché aux Juifs, en sont-ils coupables, dans la supposition où Jésus seroit Dieu ? Je ne le crois pas. Si le supplice du fils de Marie est un énorme sacrilége, Dieu seul en est coupable; car enfin s'ils ont fait pendre le Messie, c'est qu'ils l'ont méconnu; & s'ils l'ont méconnu, c'est que son Pere a fait précisément tout ce qu'il falloit pour qu'ils ne pussent le reconnoître. Les Chrétiens ne disconviennent point de ce manége odieux qu'employa Dieu en envoyant son fils; ils vont plus loin. Dieu, disent-ils, ne se contenta pas d'abandonner l'Israëlite à son sens réprouvé: dans la crainte que quelque homme de poids parmis les Juifs, n'eût à la fin pénétré ce profond mystere inconnu même au Diable il prit soin d'endurcir leur cœur & d'aveugler leur esprit.

H

Quelle affreuse conduite pour un Dieu! Quelle idée peut-on se former d'un Etre suprême qui agit ainsi avec ses amis, contre la foi de ses sermens?

Dieu choisit entre toutes les nations les enfans d'Abraham pour en faire ses favoris, il contracte avec eux une alliance & leur promet formellement qu'elle sera éternelle; il prend la peine de leur dicter une loi, qui contient d'assez bonnes choses, quoique remplie d'une grande multitude d'inutilités; & en la leur remettant il leur enjoint sous les plus grandes peines de l'observer de point en point pendant tous les siècles à venir. Le peuple Juif, qui étoit composé d'hommes faits comme les autres, eut ses instans de ferveur & tomba dans le relâchement, quelquefois-même dans le crime consommé: cependant nous voyons que Dieu le comble toujours de ses bienfaits, & que s'il le punit, c'est avec la tendresse d'un bon Pere qui ne veut pas la mort, mais le retour du coupable.

Si nous en croyons les Chrétiens, tout cela n'étoit qu'ombre & figure. Quoi! des loix positives dont l'infraction est un crime, dont l'accomplissement est un mérite aux yeux du Législateur, ne font qu'une pure fiction! De quel front oser assurer que les sermens sacrés d'un Dieu, faits conséquemment à certains sacrifices qu'il exige de ceux à qui ils sont faits, ne sont qu'une ombre, & que le mensonge est sorti de la bouche de la Vérité Eternelle? Il faut être Chrétien pour faire de pareilles suppositions.

J'EN fais une qui me paroît bien mieux fondée. Si Dieu dans ses loix & ses promesses n'a parlé que figurément, si tout est symbolique dans l'Ecriture, & que ces symboles ne regardent pas les Juifs, mais les Chrétiens, si la Synagogue étoit le Type de l'Eglise de Jésus-Christ; Dieu a traité la nation Juive, je ne dis pas comme un Souverain irrité traiteroit des sujets révoltés; mais comme un Tyran le plus cruel, devenu le vainqueur des ennemis de son usurpation. La loi qu'il a donnée aux Hébreux, l'alliance que le premier il leur a proposée, & qu'il leur a jurée solemnellement, ses promesses magnifiques, les prodiges éclatans qu'il a opérés en leur faveur, tous les bienfaits qu'il leur a prodigués enfin étoient des présens de sa haine. Cet intérêt si essentiel qu'il prenoit à tout ce qui les regardoit, étoit un piége adroit qu'il tendoit à ces malheureux pour les faire tomber dans le précipice que fans doute il leur creufoit depuis longtemps.

A quoi aboutiffoit cette foule d'inftructions que Dieu donne aux Hébreux dans l'ancienne loi, s'il néglige la feule inftruction qui leur étoit effentielle? A rien du tout. Le grand point confiftoit à leur indiquer d'une maniere claire, & précifément moment pour moment, la venue du Meffie, & la conduite qu'ils devoient tenir à fon égard, lorfqu'ils l'auroient reconnu à certains traits caractériftiques qui le diftinguaffent de toutes les Créatures. Or cette inftruction, Dieu ne l'a point donnée aux Juifs: cependant elle leur étoit effentielle, & Dieu agit toujours par les moyens les plus efficaces: donc Jéfus-Chrift n'eft point le fils de Dieu, promis aux Juifs pour être leur Meffie. S'il étoit tel, il feroit dans l'ordre des décrets divins, dont nous pouvons affurer, au moins, qu'ils font conformes aux principes primordiaux de la raifon: mais nous n'apperceyons rien en lui, ni dans fa perfonne, ni dans fa conduite, qui ait rapport à l'accompliffement de ces décrets: donc tout ce que les Chrétiens difent de lui, entant qu'il est dans l'ordre de ces décrets, est une supposition gratuite qui n'est appuyée par aucune raison capable de satisfaire l'esprit le moins difficile à se laisser persuader.

LETTRE IX.

Anecdotes qui ne font point honneur au Christianisme.

Toutes les petites fourberies dont les Ministres du Christanisme sont en possession de se servir depuis leur institution, n'entreroient pour rien dans les preuves de la fausseté de la Religion du Christ, si l'Eglise qui se dit infaillible, & qui prétend être assistée continuellement par l'Esprit de Dieu, ne donnoit son suffrage aux mensonges qu'ils débitent pour le soutien de leur cause. Mais puisqu'elle a autorisé leurs impostures, on peut les lui imputer à reproche. D'ailleurs dans les ouvrages qu'elle approuve, & qui tendent à ruiner les partis qui lui sont opposés, elle ne manque pas de louer surtout les traits malins qui sont propres à prouver la mauvaise foi, ou la superstition de ses ennemis; & la répresaille est permise en pareil cas.

Un Evêque de Bapaume en Artois voyant que cette ville alloit être contrainte de se rendre à discrétion aux ennemis qui l'assiégeoient, parce qu'elle manquoit depuis deux jours de poudre & de boulets, se mit en priere pour demander au Ciel des moyens de se garantir d'une destruction totale. Dieu ne fut pas sourd à sa priere. Le Prélat revêt ses habits pontificaux & processionnellement se rend sur les remparts. Il en fait retirer tous les Soldats ou habitans qui s'y défendoient du mieux qu'il leur étoit possible; & restant au lieu où l'artillerie ennemie causoit le plus de dommage, accompagné d'un seul Sécrétaire portant les Evangiles, il renvoyoit aux assiégeans tous les boulets & toutes les bombes qui venoient de ce côté-là. L'ennemi crut d'abord que les gens de Bapaume usoient d'une derniere ressource; mais le jour étant venu, il apperçut l'Evêque qui courant çà & là, d'une agilité prodigieuse, recevoit dans ses mains toutes les pièces qui étoient lancées sur la ville, & les rejettoit dans le camp avec tant de vigueur qu'il sembloit que la force du canon n'étoit point égale à la sienne. Le siége fut levé, & le Prélat, qui mourut quelque temps après, fut placé au rang des Saints sous le nom de Didier ou Dizier. Vous serez peut-être incrédule sur un fait de cette nature ; mais si vous en doutez, ma chere Sophie, lisez la Légende des Saints de Flandres imprimée en 1631.

La Flandres, l'Artois & la Picardie fournissent plus d'un exemple de la superstition qui régne encore dans quelques parties de l'Europe. On conserve à Péronne la mémoire d'un chien qui bien mieux que le bœuf de S. Luc, & le cheval de S. George, méritoit une place dans le ciel. Ce chien, indigné du mépris qu'avoient les habitans de Péronne pour le lieu saint, résolut, du moins autant qu'il seroit en lui, de réprimer le scandale. Son premier soin fut d'expulser les autres chiens qu'on amenoit à l'Eglise, & celui qui n'en sortoit pas aux premiers abois, étoit sûr d'y être forcé à coups de dents. Ce ministere lui attiroit plus d'une gourmade, plus d'une Dévote le fouloit aux pieds pour venger son bichon : cependant jamais il ne se relâcha de sa premiere sévérité ; & sans distinguer le chien, de l'homme, ni le manant, du seigneur, il fufifoit de piffer contre les murs facrés du temple pour éprouver fa dent acérée.

Tant d'occupations ne l'empêchoient pas de remplir une grande partie des obligations chrétiennes. Il profitoit des premieres meffes, affiftoit aux offices nocturnes, accompagnoit les facremens par la ville, & jeûnoit réguliérement tous les jours prefcrits par l'Eglife: &, ajoute la chronique, on l'auroit plutôt tué que de lui faire ronger un os un Vendredi ou un Samedi. Peut-être quelques-uns de ces Saints dont on ignore & la naiffance & la vie & la mort, ne font autres que des animaux du caractere du chien de Péronne, que l'imbécille fuperftition & l'ignorance des premiers fiècles de l'Eglife a fanctifiés.

Pour juftifier ce foupçon on rapporte le fait qui fuit. Un loup ayant caufé beaucoup de dommage dans le troupeau d'une Abbaye, l'Abbé qui y préfidoit, inftruit du dégât qu'avoit fait l'animal carnacier, fe tranfporta au bercail, muni de fon Etole. A peine le loup qui revenoit à la charge l'eut-il apperçu qu'il vint fe rendre à fes pieds, lui montrant par fes manieres foumifes le vif repentir qu'il reffentoit d'avoir osé toucher au patrimoine de Saint Pierre. L'Abbé touché à son tour, alloit renvoyer le loup absous, après de séveres remontrances; mais comme il se retiroit, il le vit qui le suivoit par derriere. La démarche de l'animal parut singuliere. On lui dit qu'on vouloit bien le laisser vivre au Couvent, à condition qu'il ne toucheroit point au troupeau, il accepta. De si bonnes dispositions engagerent l'Abbé à lui faire de nouvelles conditions, comme entr'autres celle de se charger de la conduite & de la garde du troupeau: & le loup souscrivit à tout. Non seulement cet animal devint honnête homme; mais son mauvais naturel s'éclipsa totalement: il fut Dévot, & la catholicité de ses sentimens le fit enfin canoniser sous le nom de Saint Loup.

On n'étoit pas si difficile à faire des Saints dans les premiers siècles de l'Eglise, qu'on l'a été depuis une centaine d'années. Un Gentilhomme de Beauvais, puissant en richesses, & voulant sans doute se faire rire aux dépens de la Cour de Rome, fit informer de la conduite qu'avoit tenue un de ses valets mort le Vendredi-Saint, à l'heure à-peu-près où l'on suppose que Jésus-Christ expira, & n'y ayant rien contre lui, parce que les commissaires étoient payés pour tenir regiſtre de ſes vertus, & non de ſes défauts, il le fit ſolemnellement canoniſer dans le 15e. ſiècle.

On trouve dans les vieux rituels du Diocèſe de cette même ville qu'il ſe célébroit autrefois à la Cathédrale de Beauvais une fête en l'honneur de la fuite de Joſeph en Egypte avec l'Enfant Jéſus & Marie ſa Mere.

On prenoit la plus belle fille de la ville, qu'on ſuppoſoit vierge. Toutes les femmes de qualité qui étoient dans le pays prêtoient leurs joyaux pour orner cette pucelle; & le plus hupé payſan fourniſſoit un âne jeune & vigoureux pour la monter. A l'heure indiquée pour la cérémonie, les premiers de la ville conduiſoient la vierge ſur ſon âne, & Joſeph à pied, à la Cathédrale au bruit des inſtrumens. Ils y entroient au ſon des cloches, la fille tenant un enfant nouveau-né dans ſes bras. Alors on chantoit la Meſſe, l'âne & ſon fardeau à la droite de l'autel, & Joſeph à la gauche; & vers le milieu du myſtere on chantoit une hymne Latine à la gloire de l'âne porteur du Meſſie. On trouve ce morceau de baſſe Latinité dans les œuvres de Meſlier & on l'a fait imprimer dans un petit volume qui a pour titre : *l'art de désopiler la rate.* Chaque ſtrophe étoit terminée par un refrain en langue Picarde conçu en ces termes.

Ores ſus, eſcoutez
Biau ſire âne, car chantez,
Belle bouche rechignez
Vous aurez du foin aſſez
Et de l'avoine à reſſaſſez :

L'Eglise approuva longtemps cette indigne cérémonie, & dans la ſuite les Beauvoiſins à qui pluſieurs prétendus miracles rendoient cette fête reſpectable, ne voulurent plus ſouffrir qu'on la ſupprimât. Vers l'année 1555, celle qui jouoit le rôle de Vierge étoit groſſe & l'âne qu'elle montoit ayant eu peur de la muſique, la renverſa au pied de l'autel : elle accoucha ſur le champ. L'Evêque qui gouvernoit alors ce Diocèſe profita en habile homme de la circonſtance, & fit tant par ſes ſages remontrances, que la fête fut éteinte pour jamais, au grand regret du peuple imbécille.

Avant que de ſortir des Provinces que je viens de vous nommer, je ne puis m'empêcher de vous dire un mot sur la Sainte Chandelle d'Arras. On trouve dans cent ouvrages de quelle maniere & dans quelles citconftances elle fut apportée à de pieux Muficiens de cette ville, & quel eft le refpect du menu peuple pour ce facré flambeau, qui, fi l'on en croit les moines & les fots, a opéré nombre de miracles. Mais quelque chofe de plus certain que les prodiges attribués à cette chandelle, qui brûle tous les ans pendant toute la quinzaine de Pâques fans fe confumer, c'eft que du confentement de tous les Officiers qui fe font trouvés en garnifon dans Arras & des Soldats qui ont fait faction au guichet même par où l'on montre ce miracle fubfiftant, c'eft une bourde inventée pour faire des dupes. On en donne de bonnes raifons 1°. C'eft à travers un guichet qu'on montre cette chandelle, & elle en eft fi éloignée qu'on n'apperçoit qu'une lueur obfcure, à la vérité qui paroît toujours à la même hauteur; mais on foupçonne avec fondement qu'un chandelier à refforts entretient cette clarté dans un dégré toujours égal. 2°. C'eft que quelque inftance qu'on faffe aux Prêtres de cette Eglife pour voir de près la fainte chan-

chandelle, ils refusent constamment de la laisser approcher.

Quoi qu'il en soit, le peuple fait des neuvaines à la chandelle miraculeuse, & l'on y vient en foule pendant la quinzaine de Pâques. C'est sans doute pour œconomiser le prodige que les Prêtres ne la laissent brûler que pendant cet intervalle; car j'ai fait de vaines recherches pour sçavoir si c'étoit de Marie qu'on tenoit qu'elle doit être allumée quinze jours seulement par an, ou si quelque miracle, postérieur à sa descente du ciel, en avoit instruit les dépositaires.

Plus nous faisons de progrès dans la philosophie, & plus l'Eglise est obligée de réformer ses Légendes. Un seul Auteur critique a fait retrancher une multitude de noms du Calendrier, & dans la vie des Saints auxquels il a fait grace, il a supprimé plus d'un quart des faits miraculeux à eux attribués dans les vieux fastes. Mais avant que de passer à d'autres anecdotes, qu'il me soit permis de faire à l'Eglise une seule question. Vous prononciez autrefois les plus fulminans anathêmes contre quiconque oseroit censurer un seul des faits contenus dans les Légendes par vous approuvées: vous avez même obligé les Chrétiens sous peine d'encourir l'indignation du Tout-Puissant & des bienheureux Apôtres S. Pierre & S. Paul (ce sont vos termes) de croire pieusement toutes les extravagantes visions du Séraphique Pere Saint François, & d'autres plus absurdes encore. Aujourd'hui vous rabattez de votre ancienne sévérité, vous approuvez même les auteurs qui élaguent ces corps monstrueux d'histoires des Peres du Désert, & de tous ces fous célebres par vous canonisés. Mais dites-moi, ceux qui, dans les siècles passés, ont pensé assez murement pour ne rien croire de ces sottises, étoient dans le cas de l'excommunication par vous fulminée ; cependant je n'ose croire qu'ils soient damnés, pour n'avoir pas voulu ajouter foi à des mensonges : & vous, quel est votre sentiment sur leur état ?

QUELLE que soit la réponse de l'Eglise à cette question, je vous montrerai dans la suite que la conséquence qu'on en peut tirer, ne sçauroit lui être que fatale. Je vais continuer mes anecdotes.

On conserve à Gand, dans l'Eglise des Béguines, l'acte d'un miracle des plus risibles. Une Dévote, jeune encore, se promettoit d'aller à la campagne avec une de ses amies, & peut-être quelque Cavalier qui l'intéressoit. La partie se fit; mais la Dame n'y fut point invitée. Vous pouvez juger quelle fut l'amertume qu'elle en ressentit: dans une Religion qui prêche l'humilité, comme la premiere des vertus, on ne reçoit cependant point d'humiliations sans un chagrin extrême. Notre Dévote, piquée au vif, crut qu'il n'étoit point de remede plus efficace à sa douleur que de l'offrir à Dieu. Dans cette idée, elle entre dans l'Eglise des Béguines & se prosterne les larmes aux yeux aux pieds d'une statue de bois qui représente une Sainte, dont on ignore même le nom; mais c'est une Sainte toujours, car la désolée la traita de Madame. A peine eut-elle achevé son oraison, que l'image ouvrant la bouche lui demanda ce qu'elle avoit, l'appellant sa chere enfant. Je ne sçais, répondit la Dévote, ce que j'ai fait à mes compagnes. Elles me méprisent, & ne m'emmenent point avec elles à leurs parties de plaisirs. Ne t'afflige point, repartit la Statue, demain tu te réjouiras avec moi, tu seras, ma fille, à tes noces éternelles. En effet la bonne Dame mourut dans les vingt-quatre heures, & l'on ne doute point à Gand que son ame n'ait monté droit au Ciel. Un grand nombre de personnes rejetterent ce prodige, & soutinrent qu'il n'y avoit rien de surnaturel dans la mort précipitée d'une Dévote suffoquée par la colere; mais les Prêtres de cette Eglise, aidés du Prélat du Diocèse, obtinrent du Pape un Bref qui prononce anathême contre ceux qui oseroient censurer le prodige en question, vû, dit le Bref, que la vérité en est attestée par la situation dans laquelle est restée la figure, qui depuis l'instant du miracle s'est tenue la bouche ouverte.

Je vous l'ai déjà dit, Sophie, on ne pourroit tourner contre l'Eglise le ridicule de ces prodiges, si elle n'employoit son autorité pour forcer les fideles à les croire. Mais elle nous défend de les arguer de faux pendant un temps: donc, selon elle, ils sont vrais. Cependant un critique éclairé en démontre la fausseté, & alors l'Eglise se relâche de sa premiere sévérité, les avoue faux, ou du moins garde un profond silence sur leur nature, & permet à chacun d'en penser ce qu'il voudra: l'Eglise a donc témérairement employé son autorité pour soutenir le mensonge. Nous avons une preuve convaincante de ce fait, dans l'histoire du célebre Galilée, que l'Eglise voulut faire périr du dernier supplice, pour avoir soutenu qu'il y avoit des antipodes. Je suis bien éloigné de penser que la seule ignorance donnât lieu aux persécutions qu'essuya Galilée de la part des Prêtres : un autre motif occasionna l'acharnement contre ce Philosophe. Les Chrétiens croyoient alors très-fermement que l'enfer étoit sous leurs pieds ; leurs Prêtres le leur avoient dit. Or dans le système de Galilée, il falloit placer l'enfer ailleurs, sans quoi l'hypothèse Chrétienne sur le séjour des tourmens alloit se détruire ; car plus d'un voyageur, en faisant le tour du monde, auroit passé en enfer, & en seroit revenu ; ce qui n'auroit pas accrû le produit des prieres pour les morts.

Je ne finirois pas si je voulois vous rapporter tous les faits sur lesquels l'Eglise a erré : on feroit des volumes d'anecdotes sur cette matiere. Mais avant que de terminer cette Lettre, je veux vous dire un mot sur le grand Saint François. Cet extravagant vivoit dans le treizieme siècle, & l'on raconte de lui des traits qui me paroissent plus propres à divertir qu'à édifier. Un jour, dit Saint Bonaventure qui a fait son histoire, une Cigale annonçoit la belle saison par son chant : François appella l'Insecte, & l'ayant reçu sur son doigt : allons, ma sœur la Cigale, lui dit-il, chantez les louanges de la Divinité. La Cigale obéit ; & lorsqu'elle eut achevé son cantique, S. François la remercia, & lui chanta même à son tour ces deux vers que je traduits de l'Italien :

Votre chant est fort beau, mais n'est plus nécessaire ; Vous pouvez maintenant partir en liberté.

François étant obligé de manger gras un Vendredi, & ayant donné à un Mandiant passant une cuisse de chapon, ce Mandiant en fut scandalisé, & alloit clabaudant que François qui passoit pour un Saint n'étoit qu'un gourmand. Mais qu'arriva-t-il ? *C'est que la cuisse de chapon fut vue de tous être poisson, si qu'il fut blâmé, comme forcené, de tout le peuple ; & quand il vit cela, il eut honte & requit pardon.*

Je ne crois pas qu'on remarque aucun trait d'un merveilleux plus puéril que ceux-là dans l'Alcoran même. Le Pere Candide, qui a donné depuis quelques années la Vie de S. François, les a supprimés. Son ouvrage a reçu des éloges & de flatteuses approbations, parce qu'il a rejetté un grand nombre de prodiges attribués à son héros; & l'on n'a point fulminé à Rome contre ceux qui ne croiroient pas tous les faits qu'il a conservés. St. Bonaventure avoit reçu pour le moins autant de complimens pour toutes les extravagantes absurdités dont il a rempli sa Légende; mais on y trouve insérés une multitude de Bulles & de Brefs qui prononcent la damnation contre ceux qui nieroient la vérité des faits qu'elle contient. D'où vient ce différent procédé de la Cour de Rome? C'est que le plus grand nombre des faits qui étoient vrais du temps de St. Bonaventure, ne le sont plus aujourd'hui.

L'Eglise Chrétienne à force de multiplier ses prérogatives & d'étendre ses droits, s'est presque entiérement détruite : elle ne doit regarder l'incrédulité qui régne aujourd'hui, que comme le résultat d'une crédulité qu'elle a surchargée. C'est toujours la folie qui domine chez les humains, je l'avoue; mais ils la varient cette folie, & dans l'ordre des choses il doit arriver que des hommes soumis jusqu'à l'aveuglement, passent au bout d'un certain laps de temps à une incrédulité qui va jusqu'à nier l'évidence. N'allez pas croire, Sophie, que l'homme par sa nature soit porté à haïr la vérité & à estimer le mensonge. Non, le vrai, au contraire, a tant d'attraits pour lui, qu'il sacrifie souvent jusqu'à son bonheur pour le connoître & pour le posséder. Il a le faux en horreur, & s'il l'employe cependant dans plus d'une rencontre, c'est qu'il le prend pour le vrai. Si d'ailleurs il employe le mensonge avec connoissance de cause, vous le voyez prendre toutes les précautions dont se serviroit un seul particulier qui auroit à combattre toute la multitude, il prête au faux toutes les couleurs du vrai; & les soins qu'il prend pour en imposer aux autres, font que quelquefois il s'en impose à lui-même.

Il est assez difficile d'accorder ce penchant qu'ont les hommes vers le vrai, avec la foule d'erreurs qui subsiste dans le monde: erreurs, dont l'origine se perd dans la nuit des temps. Qui a pu introduire l'illusion parmi les hommes? C'est une question aussi intéressante que curieuse, & je vais essayer de la résoudre dans les deux Lettres suivantes; je crains bien que ce ne soit aux auteurs des cultes Religieux que nous soyons redevables du présent fatal de l'erreur.

LETTRE X.

Des sources de l'erreur.

L'HOMME a une pente très-marquée pour le vrai: cependant nous voyons dans tous les temps connus l'erreur & le mensonge dominer en souverains sur la surface de la terre. D'où vient ce contraste? Est-il naturel de courir après ce qu'on abhorre, & de fuir le seul objet dont la jouissance peut mettre le comble à notre bonheur? Cette conduite révolte le sens commun. Elle a néanmoins été celle de presque toutes les nations, & l'on peut dire même que chaque peuple a eu sa folie particuliere, qu'il a soutenu être la vraie sagesse, & pour laquelle il a sacrifié ses plus chers intérêts, sans s'appercevoir que la manie qu'il détestoit chez ses voisins, ne différoit de la sienne que par le nom. La source du desir qui porte une nation à détruire la Religion d'une autre, n'est point dans le cœur de chaque particulier de cette nation: ce desir est le résultat des exhortations des Prêtres que la jalousie, l'intérêt & l'ambition dirigent: les peuples ne sont que les instrumens dont ils se servent pour satisfaire leurs passions.

L'univers Religieux, partagé en une infinité de Sectes qui s'entredétruisent réciproquement, offre le plus triste tableau qu'il soit possible d'imaginer. Chaque siècle voit des millions d'hommes, amis de la vérité, s'entrégorger pour la défense du mensonge. Par quelle fatalité les nations n'ont-elles jamais pu s'aboucher une seule fois pour terminer entre elles les guerres de Religion? Il leur suffisoit de penser que la vérité est une, que par conséquent s'il y a une Religion dans le monde qui soit la vraie, elle ne peut avoir de concurrentes ; que par une suite nécessaire, de cent Sectes qui se combattent, il y en a au moins quatre-vingt-dix-neuf qui sont fausses. Ce principe posé, il eût été facile de s'accorder; mais les hommes dans l'espece desquels il y a tant d'excellens génies, d'esprits solides & justes, pris en général agissent pour l'ordinaire, comme s'ils étoient dans l'yvresse. Ils se battent d'abord, sauf à s'expliquer ensuite. C'est un vice de l'humanité ; mais ce vice ne lui est point essentiel : il a son origine dans des agens étrangers. Ce qu'il y a de plus singulier dans cette fureur où tombent les peuples au sujet de la Religion, c'est que, comme il n'y a point de Religion éternelle, il arrive qu'ils changent de sentimens & sur le culte & sur l'objet du culte : alors livrés au repentir ils pleurent amérement le sang de leurs freres qu'ils ont répandu pour le soutien de la vérité qu'ils croyoient de leur côté ; ils maudissent les auteurs de leurs excès : cependant ils reprennent leur premiere férocité à la plus légere contradiction qu'éprouve leur nouvelle opinion.

Les Docteurs des Religions, & surtout ceux de la Religion Chrétienne, ont osé avancer, lorsqu'il s'est agi de justifier la conduite des hommes, qu'il y avoit dans leur cœur un germe de corruption qui les entraînoit sans cesse vers l'erreur. Ils auroient mieux dit en avouant qu'il y avoit dans le monde une multitude de fourbes qui en infectant les esprits de leurs préjugés ou des fables qu'ils inventent, les retiennent dans l'illusion, pour en disposer ensuite au gré de leur intérêt.

Si l'homme étoit fait pour l'erreur, s'il haïssoit la vérité, jamais il n'y auroit eu de combats pour le menfonge. La fecte la plus fauffe, dès qu'elle auroit paru au monde, auroit eu tous les hommes pour partifans. S'il y eût eu quelque affaire à démêler, c'eût été entre la vraie Religion feule de fon côté, & le refte des habitans de l'univers réunis contre elle. Encore comment fe feroit formé ce parti de la vraie Religion, fi tous les hommes euffent été entraînés vers le menfonge, foit par un penchant naturel, foit par un accident furvenu à leur nature, & qui l'auroit corrompue ? Une preuve bien convaincante que l'homme n'a point de pente à l'erreur, c'eft le foin que prennent ceux qui le guident de la lui cacher, & la perfuafion où eft chaque particulier armé pour la Religion, qu'il combat pour la vérité: perfuafion uniquement fondée fur l'autorité de ceux qui enfeignent ; car les difputes de Religion ne roulant jamais que fur des fujets fort abftraits, il n'eft pas à préfumer que le fimple combattant, ni fouvent même le Général, en ayent la moindre connoiffance.

Lorsque l'homme combat pour l'erreur, c'eft donc involontairement & contre fon choix. S'il donne la mort à fon pareil, s'il court lui-même le danger de perdre la vie, c'est parce qu'il croit servir la vérité, & contribuer à détruire le mensonge. Le seul reproche qu'on ait à lui faire à cet égard, c'est de se déterminer trop légérement, de ne pas assez approfondir les motifs qui le font agir. Mais son imprudence, quelles qu'en soient les suites, ne peut porter à supposer qu'il est fait de telle maniere qu'il hait la vérité, & que le faux a son estime.

Les Docteurs des Religions où, non content de reconnoître l'existence d'une premiere cause, l'on admet encore des Etres spirituels, aëriens, ou infernaux, des Etres intelligens doués d'une force supérieure à celle de la nature, qui avec la permission du premier Etre agissent sur les hommes & dirigent leurs pensées, leur volonté, leurs desirs & leurs actions, prétendent que c'est le Diable qui est le pere de toutes les sectes qui ont le mensonge pour base. Mais si les Démons sont les Législateurs des Religions fausses, je soutiens encore qu'il n'y aura point de guerre entr'elles. Tout l'objet du Diable en établissant de vaines Religions, c'est d'acquérir des ames à son Empire, par le moyen de la damnation à laquelle elles sont dévouées.

pour avoir sacrifié au mensonge : or il lui suffit que les peuples suivent l'erreur en général. Mais on ne conçoit pas trop à quel dessein le Diable armeroit l'une contre l'autre deux nations idolâtres, par exemple, ou des Iconoclastes contre des Ariens. Il lui suffit qu'ils suivent l'erreur en général, comme je l'ai dit : le reste est superflu.

Ne vous semble-t-il pas, Sophie, que les Théologiens ne s'entendent pas eux-mêmes, ou qu'ils parlent à dessein de nous tromper, lorsqu'ils avancent que c'est avec la permission de Dieu que le Diable conduit les hommes à l'erreur ? J'avoue qu'il est très-difficile de faire agir aucun Etre de son autorité privée, dès qu'on a supposé l'existence d'un Dieu tout-puissant, maître souverain & absolu de toutes choses. Mais cette expression *avec la permission* jette dans des difficultés bien plus terribles que celles qui existeroient dans la supposition où le Démon agiroit de sa propre autorité.

Pour sauver les conséquences qu'on peut tirer de l'hypothèse qui fait agir le Diable avec la permission du souverain Etre, les Théologiens font une belle comparaison. On leur objecte que dans leur syſtême Dieu ordonne à l'homme de faire le mal. Non, diſent-ils; il le permet ſeulement. Ainſi un Souverain ſe dégoûtant de commander à des ſerfs, rend la liberté à ſes ſujets; leur donne des loix qui récompenſent la vertu, & puniſſent le vice: puis laiſſe à chacun à choiſir le chemin qu'il voudra ſuivre. Voilà une branche de la compataiſon. Je paſſe à la ſeconde. On leur objecte encore que ſuivant leur ſentiment c'eſt Dieu qui ordonne au Diable d'induire les hommes au mal. Non, répondent-ils; il le permet, & rien de plus. Ainſi le Souverain dont nous avons parlé, mécontent de l'ingratitude de ſes vaſſaux qu'il a affranchis, ceſſe de les protéger, les prive de ſa faveur, & ferme les yeux ſur les mauvais traitemens que leur font endurer ceux qui exercent ſon autorité loin de ſa Cour.

Il ne manque à cette comparaiſon pour être juſte que la parité des perſonnes qui y ſont comparées. Quant à la premiere branche, dès qu'un Roi a fait des loix qui récompenſent la vertu, & puniſſent le vice, il a fait tout ce qui étoit en lui pour étouffer celui-ci & faire triompher celle-là: il eſt maître des corps; mais ſon autorité ſe borne là, & n'a point d'action sur l'ame : c'est-à-dire qu'il ne peut lui donner ni lui ôter ses passions : il ne peut tout au plus qu'en ralentir l'effet. S'il pouvoit disposer du physique intérieur de l'homme, comme il dirige ses actes extérieurs, il le tourneroit invinciblement vers le but où il a dessein de le conduire. Or Dieu peut, s'il est tout-puissant, donner à tous les hommes des penchans qui soient tels que tous tendent invinciblement vers la vertu & y arrivent. L'homme considéré dans l'état de nature & nouvellement sorti des mains de Dieu, n'a pu être prévenu d'aucun penchant vicieux qu'il ne le tienne de lui ; ce qu'il est absurde de supposer : & vous allez voir qu'il ne l'est pas moins de dire qu'il a acquis cette pente au mal que lui prêtent les Théologiens. Avant que de commettre une action, il faut s'y déterminer : avant que de se déterminer à faire une chose, il faut la concevoir, & en même temps qu'on la conçoit, être mû du desir de la mettre à exécution. Voilà donc le desir de faire le mal préexistant au mal même. Mais ce desir, qui l'a donné à l'homme ? Passons à la seconde branche de la comparaison.

DIEU

Dieu permet au Diable d'induire les hommes en erreur : Je prétends, moi, que cette permission est un ordre suprême que le Diable est contraint d'exécuter lors même qu'il y répugneroit. Le Souverain en question permet qu'une province mutine soit molestée par ses Lieutenans, il est sourd aux représentations qu'elle lui fait, à la bonne heure, mais ce n'est point à lui que ses Officiers se sont adressés pour exercer leurs violences : c'est un projet qu'ils ont conçu & mis à exécution ; c'est un desir qu'ils cherchent à satisfaire ; & ce desir, ce n'est point le Roi qui le leur a donné. Mais Dieu est tout-puissant, c'est lui qui a tout fait. Or le Diable veut tenter les hommes, les induire en erreur : c'est un desir qu'ils cherche à satisfaire. Et ce desir, de qui vient-il, si ce n'est de Dieu ? Mais si Dieu lui a donné ce desir, il a fallu que tôt ou tard il eût son effet ; à moins que Dieu n'eût encore employé sa toute-puissance pour le réprimer : ce qui eût été agir contradictoirement. D'ailleurs, il n'a pas agi ainsi ; il a permis au Diable de nous tenter : or, la permission suppose la supplique : ce qui revient au même ; car il a fallu que Dieu ait donné au Diable un

K

desir qui l'ait porté à lui faire cette demande; & s'il lui a donné ce desir, le Diable a été contraint de tout faire pour qu'il eût son accomplissement. Autrement il auroit résisté à la toute-puissance.

On pourroit en allant plus loin prouver que Dieu même ayant donné au Démon le desir de faire du mal aux homme, a été forcé de lui permettre de satisfaire son desir; car Dieu est immuable, & il cesseroit de l'être en refusant à un Etre la faculté d'accomplir un desir qu'il auroit annexé à sa nature. Mais cette question nous conduiroit à des discussions épineuses qu'il vous est absolument inutile d'approfondir. Il nous suffit de sçavoir que ce penchant au mal dont les Théologiens nous font présent, n'est point essentiel à notre nature, & que nous n'avons pu l'acquérir sans une permission expresse de notre auteur; permission qui équivaut à un ordre formel, comme nous l'avons vû; supposition qu'il seroit absurde de faire. Il me paroît démontré aussi que ce ne peut être le Diable qui nous induise au mal; car le Diable est une créature comme nous, & ne differe de nous que parce qu'il est d'une essence plus déliée, & d'une nature plus intelligente que la nôtre : & par conséquent il ne peut se donner de penchans ou du moins ne peut faire naître en lui de desirs dont l'objet est de se porter vers telle ou telle action.

CEPENDANT, il en faut convenir, il y a du mal dans le monde, & l'homme s'y porte avec une ardeur qui semble indiquer qu'il y est entraîné par une pente invincible. Mais cette pente, nous trouvons qu'elle n'est point essentielle à la nature humaine; qu'elle n'a pu l'acquérir; que le Diable ne peut la lui donner. Il faut donc lui chercher une autre source; car enfin un tel penchant doit avoir un principe. Qu'un homme se trompe, que par amour-propre il ne veuille pas convenir qu'il s'est trompé : cela n'a rien de singulier. Mais que des millions d'hommes se plongent dans la plus grossiere idolâtrie, qu'ils adorent un oignon comme un Dieu, qu'ils transforment un Imposteur tel que Mahomet en ami de la Divinité, qu'ils affirment qu'un morceau de pain est la substance même de la premiere cause, & que trois bien calculés ne font qu'un, ainsi que le pensent les Chrétiens : & que pour le soutien de ces chimeres ils fassent couler le sang à grands flots, il me paroît impossible que cela arrive, sans que les hommes y soient portés par des agens d'une force supérieure. L'homme aime le bien, & hait le mal: il estime le vrai, il abhorre le faux. Il se conduiroit toujours d'après ces principes identifiés à sa nature, & qu'on peut regarder comme innés, s'il n'en étoit détourné par de puissans mobiles qui agissent sur lui avec tant de violence, qu'il ne sçauroit résister à leur impulsion.

LETTRE XI.

Suite des sources de l'erreur.

Pour éviter le reproche qu'on leur fait d'avoir corrompu les hommes, les Prêtres de toutes les Religions se sont rejettés sur les mœurs des nations barbares & sauvages, qui, sans avoir aucun Ministre, aucun Docteur, ne laissent pas d'être prévenues pour l'erreur, & d'adorer les objets les plus dignes du mépris d'un Etre raisonnable. Mais pour que les usages de ces nations pussent servir à justifier les Prêtres, il faudroit qu'on démontrât qu'elles n'ont jamais eu de culte réglé; ce qui est impossible. On trouve parmi les usages Religieux des nations qui n'ont point de culte réglé, des rapports frappans avec les cérémonies qu'observoient d'anciens peuples soumis à une Religion formée. Donc elles ont eu un culte réglé, ou qu'elles ont tenu leurs usages de certains peuples qui en avoient un.

En vain on remonte dans la sombre antiquité, pour y chercher l'origine des Prêtres, & par conséquent des cultes Religieux; tout ce qu'on a pu faire après d'immenses recherches, a été de fixer l'époque du pouvoir des Pontifes sur les Peuples. Il y a beaucoup d'apparence que dans les temps primitifs, l'homme n'étoit prévenu d'aucun culte Religieux: il en rendoit un à la nature, & voilà tout. Ce culte consistoit à satisfaire les besoins naturels, & à pourvoir à sa conservation: il étoit bien simple, comme vous voyez. Il se peut que dans la suite, l'homme borné dans les connoissances, & ne pouvant concevoir comment tout ce qu'il voyoit s'étoit fait, & par quel moyen de la matiere inanimée en apparence, pouvoit produire tant de choses admirables, ait cherché à se rendre raison de ce phénomene;

& que ne pouvant en venir à bout, il ait admis une première cause, auteur de ce qui excitoit sa surprise. L'inconstance des saisons mettant de la différence dans les récoltes, il aura pu ensuite s'en prendre au principe moteur des augmentations ou diminutions résultantes de mauvaises ou bonnes influences. De-là suit naturellement que l'homme, pour avoir toujours son nécessaire avec abondance, aura cherché à se rendre la première cause favorable. Il est encore évident que les moyens qu'il aura mis en œuvre pour gagner la bienveillance de son Souverain, auront été les présens d'une partie de ce qu'il possédoit. Toute la richesse de l'homme consistant alors dans des choses propres à sa nouriture, il aura offert des alimens à la Divinité, comme étant ce qu'il estimoit le plus.

Des milliers de siècles se sont peut-être écoulés pendant lesquels les hommes n'ont admis d'autre culte que la reconnoissance, & n'ont fait d'autre offrande qu'un peu de légumes ou de fruits. Comme il n'y avoit alors nulle cérémonie à observer, chacun étoit Prêtre, & pratiquoit à son gré tel ou tel usage. L'homme prévenu ensuite de l'efficace de ses offrandes sur les récoltes des productions de la terre, passa facilement à l'horreur des sacrifices sanglans. L'espece humaine se multipliant, ses besoins se multiplierent; on goûta de la chair des animaux, elle fut trouvée bonne, & l'on crut que cette chair, si succulente au goût de l'homme, ne devoit pas être indifférente à celui de Dieu: on lui en offrit. La terre dut se peupler davantage à proportion que les hommes se nourrirent mieux & elle dut être bientôt couverte d'habitans, dès que les sociétés furent formées. Une nation errante n'est jamais nombreuse. On sent assez que dès que les sociétés prirent forme, une multitude de soins vinrent assiéger les hommes, & que des distinctions naquirent en même temps. Or on chercha le moyen de se décharger des affaires les plus indifférentes, pour se livrer à celles dont l'objet étoit le plus conséquent. D'ailleurs, ceux qui se trouvoient décorés de dignité dans ces sociétés naissantes, ne pouvoient plus décemment prendre sur leur dos des fleurs, des fruits, du bois, une victime, une hache &c. Ici se place l'époque de l'élection des Prêtres, des Sacrificateurs, & bientôt des

Pontifes Souverains qu'on mit à leur tête, pour le faste du culte, & pour le maintien de l'ordre.

Ces Prêtres furent d'abord comme les serviteurs du peuple, & cela dut durer toute une génération au moins. Déchargés du soin des offrandes, les hommes oublierent en peu de temps & leur forme & leur objet. Il survint des malheurs naturels, qu'on ne manqua pas de regarder comme des punitions divines; & l'on eut recours aux Prêtres, pour qu'ils s'intriguassent à calmer le ciel, soit par la matiere des sacrifices, soit par la maniere de les faire. Voilà déjà les Prêtres maîtres des cérémonies du culte, & juges de la nature des choses qu'il falloit offrir : par conséquent médiateurs entre Dieu & les hommes.

Plus on alloit en avant, plus on oublioit les usages primitifs. De funestes révolutions désolerent la terre, sans qu'on y pût trouver aucun remede. En vain on redoubla les sacrifices, en vain on en changea la forme, la matiere : rien ne pouvoit arrêter le cours de la nature. Pendant que le reste des hommes étoit occupé à pourvoir à ses besoins & à ceux des Prêtres, ceux-ci dans le sein de l'oisiveté & de l'abondance s'appliquèrent à l'étude de la nature & y firent quelques progrès : assez du moins pour prédire l'avénement d'une révolution & annoncer sa fin. C'est à cette époque qu'on peut placer celle du pouvoir des Prêtres & de l'esclavage des nations : époque fatale au genre humain, & dont les suites l'ont accablé de malheurs dont l'idée seule fait frémir.

Quand l'expérience & l'étude eurent mis les Prêtres en état de connoître à-peu-près les signes de la pluye & du beau temps, ils feignirent des révélations : lorsque leurs prédictions se trouvoient fausses, ils en faisoient retomber la faute sur le peuple. De-là l'origine du péché, & aussi des expiations, des ablutions &c. Les plus sensés d'entre le peuple refusoient de se soumettre, il arrivoit des accidens naturels : on les leur imputa. Telle fut la source des punitions divines : & pour intimider davantage quiconque oseroit ne pas vénérer les Prêtres & ajouter foi à leurs discours, on étendit ces punitions jusques après la mort & pendant toute l'éternité.

Pour s'assurer de plus en plus de ceux qui se soumettoient volontairement, on supposa que de même que les incrédules iroient après leur mort dans un lieu de supplices, les gens soumis, en sortant de cette vie, passeroient dans un lieu de délices; qu'on nomma diversement dans les différentes Religions, & que là, par dessus tous les plaisirs imaginables, ils auroient encore le bonheur d'être les amis intimes de la premiere cause. On supposa même que quelque chose qu'ils demandassent à l'Etre souverain, rien ne leur seroit refusé. De-là l'origine de l'idolâtrie. Lorsque dans la suite on s'apperçut de la continuation des fléaux malgré les sacrifices innombrables qu'on offroit à Dieu, on se crut indigne d'obtenir immédiatement ses graces; on eut recours à ses amis, on implora leur assistance, pour fléchir la colere du Souverain irrité. Il arriva que les calamités cesserent, & l'on érigea des statues en l'honneur des amis de Dieu; des temples somptueux leur furent édifiés : & dans la suite l'habitude de les invoquer & de les encenser, les fit regarder comme autant de Dieux qu'on adora.

La multiplicité des Dieux emporta avec soi la multiplicité des sacrifices. Pour entretenir la vénération des peuples envers ces hommes déifiés, les Prêtres employerent tout ce que la fourbe a de plus artificieux. Chez les Payens, les idoles parloient pour exiger des sacrifices, & quelquefois même ces statues de marbre & de bois ont nommé certaines femmes avec lesquelles elles vouloient avoir affaire, pour donner des Libérateurs, des Héros, des Législateurs & des Messies à la terre. Chez les Chrétiens, les images des Saints parlent aussi, souvent elles pleurent, changent de place, & donnent des ordres qu'il faut exécuter à la lettre, faute de quoi l'on est damné pour l'éternité.

D'APRÈS cette conduite des Prêtres, vous voyez qu'il étoit impossible que les hommes ne devinssent pas idolâtres, & qu'ils ne se prévinssent pas d'une foule innombrables d'erreurs sur le culte, & sur l'objet du culte. Chez les Payens, Saturne le plus ancien des Dieux, leur Pere commun & par conséquent la premiere cause, étoit plus craint qu'adoré. Plus d'un peuple même le haïssoit, parce qu'il avoit obtenu des Dieux inférieurs à Saturne ce que celui-ci lui avoit constamment refusé. De même parmi les Chrétiens, Dieu le Pere n'est guere invoqué, par l'habitude qu'ils ont de recourir à son fils, à la mere de ce fils,

& aux Saints. Les Chrétiens voyent une statue de pierre ou de métal, un morceau de bois, un os, opérer des miracles lorsqu'on les invoque: ils croyent que ces choses renferment une vertu surnaturelle, & passent bientôt, à leur égard, de la priere à l'adoration; cela est inévitable.

ENCORE si les impostures des Prêtres n'avoient eû d'autre effet que de rendre les hommes superstitieux, on le passeroit volontiers. Prévenus une fois de l'existence d'un Etre souverain, il est indubitable que les humains ne pouvoient éviter de lui rendre un culte, & il étoit impossible que ce culte fût uniforme, parce que chaque nation a son génie particulier qui se modifie en autant de diverses especes qu'il y a de particuliers. Mais & les Législateurs religieux des Peuples, & les Docteurs qui leur ont succédé, ont inspiré à ceux qui ont embrassé leur opinion, une haine mortelle pour tous les hommes qui ne penseroient pas comme eux; & l'on ne peut songer aux funestes suites de cette haine, sans être mû d'un sentiment d'exécration pour ses auteurs.

LA vindication qui résulte de la diversité des opinions Religieuses, est, comme nous l'avons dit, l'ouvrage de l'intérêt des Prêtres. Dès qu'un Peuple avoit admis leurs préjugés, il convenoit qu'ils l'engageassent à tout sacrifier, pour en soutenir la vérité : le moindre relâchement des Eglises sur ce point eût entraîné leur perte totale. De l'admission d'une opinion contraire à la dominante, reconnue pour vraie, on eût aisément conclu qu'elles étoient fausses toutes deux, & la diminution de la foi eût extrêmement affoibli le revenu des Eglises, & mis un obstacle invincible à l'ambition de leurs Ministres.

De tous les hommes qui ont abusé de la crédulité des peuples, aucuns ne sont plus coupables que les Docteurs du Christianisme. Plus intolérans que les Pontifes des nations idolâtres, ils ont seuls fait répandre plus de sang pour la défense de leurs dogmes, que l'antiquité n'en vit couler pour le Polythéisme & le Déisme. Les vexations des Prêtres Payens & Juifs n'ont rien qui approche de celles qui s'exercent sur ceux qui, par état ou par préjugé, croyent en Jésus-Christ. Jamais, dans la plus ignorante antiquité même, on n'auroit osé exiger de chaque particulier qu'il vînt à

certains temps de l'année dire à un Prê‑
tre ce qu'il a fait, ce qu'il a pensé; &
lui jurer de nouvelles dispositions pour
l'avenir. La confession a été cependant
en usage chez les Payens; mais c'étoit
un acte volontaire auquel on n'étoit sou‑
mis que lorsqu'on desiroit être initié à
quelque mystere. Chez les Chrétiens
c'est un acte forcé, duquel on ne peut
se dispenser sans s'exposer à être privé
de la béatitude éternelle. Les Payens
admettoient diverses classes de Génies,
& même leur rendoient une sorte de
culte, qu'il étoit libre à chacun de va‑
rier selon son goût. Les chefs de la
Religion Chrétienne n'accordent pas tant
de liberté aux peuples. Il leur suffit
pour faire brûler vif un homme qu'il
soit accusé d'avoir le commerce le plus
indirect avec le Diable. Cet Etre, tout
chimérique qu'il est, fournit la plus
grande ressource aux Prêtres Chrétiens.
Jésus-Christ pendant sa prédication avoit
été sans cesse aux prises avec lui; ses
Apôtres n'ont pas eu moins à le com‑
battre: mais ni le fils de Dieu, ni ses
Disciples n'ont jamais pu le vaincre; &
si les choses restent sur le pied où elles
sont, il y a beaucoup d'apparence qu'il
tourmentera éternellement les fideles. Ils

sont cependant assez occupés à réprimer leurs passions, que leur Religion condamne; & il paroît qu'il seroit de la justice de Dieu de les délivrer d'un ennemi dont la ruse & la puissance sont si redoutables.

Comme le Diable joue un grand rôle dans la Religion des Chrétiens, & que son existence est parmi eux un fait qu'il n'est pas permis de révoquer en doute, je vous en parlerai dans la prochaine Lettre. En anéantissant le Diable, j'anéantirai par contrecoup tous les miracles, qui ont été faits contre lui, & son inexistence prouvée servira à vous convaincre de la fausseté de l'ancien & du nouveau Testament dans lesquels il en est si souvent fait mention.

LETTRE XII.

De l'origine des Démons.

Ce n'est point aux Juifs ni aux Chrétiens que nous sommes redevables de l'opinion de l'existence des Démons. Il y a apparence que ce préjugé a dû naître en même temps que celui de l'exiſtence d'une premiere cauſe. La vue du mal qui eſt répandu dans la nature a dû porter naturellement les hommes à ſuppoſer un mauvais principe. D'ailleurs, comme les Prêtres des diverſes Religions n'étoient pas toujours en état d'infliger des peines temporelles à ceux qui les contrediſoient, ils ont cru que rien ne ſeroit plus propre à contenir les peuples dans le devoir & la crainte, que de leur inculquer qu'ils tomberoient entre les mains de ce cruel ennemi de Dieu & des hommes, après leur mort, s'ils ne vouoient pas une entiere ſoumſſion & une foi aveugle à leurs enſeignemens.

L'IGNORANTE antiquité qui ne pouvoit expliquer les phénomenes de la nature matérielle, regarda tous les effets extraordinaires comme produits par des cauſes vivantes & animées, intelligentes, & ſpirituelles : ſouvent même elle conſidéra ces effets comme des Etres réellement exiſtans & capables de ſentimens, de volontés, de deſirs &c. Ces Etres ſpirituels, ces cauſes intelligentes, avoient, ſelon les anciens, leur ſphere entre Dieu & l'homme, & entre l'homme & la brute; & c'eſt Héſiode qui nous

nous l'apprend. Plutarque (a), Apollonius-Rhodien (b), Pausanias, Apulée & plusieurs autres prétendent que ces Génies sont de quatre especes : Les Gnomes ou Pigmées qui habitent le centre de la terre ; les Nymphes, amies des hommes, telles qu'Egérie Protectrice de Numa, qui font leur demeure dans les bois, les fontaines &c. ; les Pyraustes, ou Vulcains, habitans de la région du feu, & qui ne sont autre chose que ces exhalaisons que nous voyons voltiger le soir sur le penchant des collines & le long des grands chemins où les Anciens les logeoient aussi ; & enfin les Silvains, les Faunes, Etres robustes & puissans qui habitoient les vastes forêts & les montagnes escarpées.

Quant aux Larves ou Lémures, d'où sont sortis les Revenans qui apparoissent aux Chrétiens, ce n'étoit (dit Apulée, en cela d'accord avec moi) que des ames raisonnables délivrées de ce corps mortel & caduc. Chez les Payens comme parmi les Chrétiens on croyoit que les ames des honnêtes gens, lorsqu'elles revenoient, apparoissoient tranquillement & sans chercher à effrayer personne ; au

(a) Traité des Oracles.
(b) Des Argonautes L. 4.

lieu que celles des méchans qui font punies après leur mort, font errantes, vagabondes, & n'apparoissent qu'avec bruit & sous des formes horribles. De-là vient qu'on donna à cette espece le nom de Larves, qui signifie *illusion ef-froyable*.

IL arrivoit quelquefois dans ces temps reculés ce qui arrive aujourd'hui. On doutoit de l'état où se trouvoit l'ame d'une personne dont la vie n'avoit point été connue : & alors cette ame se nom-moit Manes ; on faisoit des sacrifices pour elle : & vous voyez, Sophie, que les Chrétiens n'ont pas eu grande peine à imaginer leur Purgatoire.

L'ORIGINE des Anges Gardiens & tu-télaires se trouve dans les Génies amis des humains, qui étoient révérés des E-gyptiens & des Grecs. Ces deux peuples nommoient les Etres qui étoient entre Dieu & l'homme, Démons, & les divisoient en bons & en méchans. Les bons avoient pour emploi, selon eux, de faire des commissions de Dieu, ce sont les Anges & les Archanges des Chrétiens. Les méchans étoient relégués sur la terre, où ils s'occupoient à tourmenter les hommes ; & ils étoient commandés par un chef nommé *Ariman*, c'est-à-dire, ennemi des hommes. C'est de cette opinion que les Chrétiens ont pris leur sentiment sur la chute de Sathan & de ses complices, qu'ils supposent aussi errer fréquemment sur la terre, où ils s'amusent à tromper les fideles.

Plus on avance dans l'antiquité, plus on retrouve de types de la Religion Chrétienne. Dans ce qui nous reste de monumens des préjugés primitifs, nous apprenons que les Anciens avoient subdivisé ces deux classes de Démons bons & mauvais en six sortes auxquelles ils donnerent des noms distinctifs. La premiere étoit les Ignées : la haute Région de l'air étoit leur demeure, & ils ne pouvoient s'élever au dessus parce qu'ils étoient repoussés par les Intelligences qui habitent autour de la lune. La seconde classe étoit composée d'Aëriens, errans dans l'athmosphere qui nous environne. La troisieme comprenoit les Génies terrestres, ainsi appellés parce qu'ils habitent la terre. Les Aquatiques formoient la quatrieme. Les Souterrains, qui demeurent sous notre planete, composoient la cinquieme, & la sixieme étoit remplie par les Ténébreux. Ces derniers fuyoient la lumiere & ne se rendoient visibles que fort rarement.

Quoique les anciens distinguassent ces Démons en bons & méchans du plus au moins, on s'accordoit cependant assez généralement à les regarder tous comme ennemis de Dieu & des hommes, ce qui est assez contradictoire. Les dernieres especes surtout passoient pour très-dangereuses. L'opinion étoit que non seulement ils trompoient les humains par des illusions ; mais encore qu'ils s'attachoient immédiatement aux hommes, & abrégoient leurs jours soit en les conduisant dans des précipices, soit en les faisant donner dans des débordemens honteux, soit en leur causant des maladies, telles que l'épilepsie, la frénésie &c. On peut rapporter à cette opinion celles des Chrétiens touchant les possessions, les obsessions &c. Et par ce qui nous reste de la Théologie Chaldéenne, on peut présumer que nous trouverions des rapports bien plus frappans, si nous l'avions toute entiere. Il ne nous en est parvenu que 300 Vers que quelque Grec a traduits du Chaldéen. On en a commenté quelques-uns & nous avons deux abrégés très-obscurs de cette Théologie. Mais ce détail nous suffit pour nous faire voir que la Théologie Chaldéenne, Egyptienne & Grecque ne différoit qu'en peu de choses de celle des Juifs & des Chrétiens sur le chapitre des Démons. Les Hébreux, par exemple, à l'imitation des Chaldéens, divisoient les bons Démons en plusieurs ordres ou hiérarchies, & leur donnoient des royaumes & certaines étendues de terres à gouverner, ainsi que le dit le Prophète Daniel. Comme eux ils plaçoient les Esprits malfaisans dans l'air ; & Jésus-Christ n'a point dérogé à ce préjugé, car il les nomme les Puissances de l'air, les Princes de ce monde, c'est-à-dire, du monde sublunaire. Les Princes de ténebres, ou de cette portion de planete ténébreuse que nous habitons, sont les Gnomes des Anciens.

Les Hébreux, en suivant toujours les Chaldéens, attribuoient aux mauvais Démons tout le mal qui arrivoit, & les infirmités auxquelles ils étoient sujets. De-là ce grand nombre de Démoniaques dont il est parlé dans l'Evangile. Le peuple de Dieu, quoiqu'il se crût original en tout, n'a jamais été que le singe des nations formées avant lui. La persuasion où il étoit de son originalité, vient de son ignorance qui seule le distinguoit des autres peuples. Et comment les Israaëlites eussent-ils pû s'appercevoir qu'ils ne faisoient que copier les erreurs des autres ? Ils ignoroient leur loi-même. Avant leur captivité, ils avoient pris peu de soin de s'en instruire, & ne la lisoient point publiquement contre l'ordre prétendu de Dieu : & de-là sans doute, leurs fréquentes rechutes dans l'idolâtrie. Durant leur captivité, ils ne s'appliquerent pas plus à l'étude ; & nous apprenons de Néhémie qu'à leur retour ils avoient oublié plusieurs commandemens de Dieu que Moyse leur avoit transmis.

Il est plus que probable que les Juifs ont puisé leur opinion sur les Démons dans les livres de la loi Chaldéenne, pendant leur captivité ; car avant, l'Ecriture Hébraïque n'en fait pas mention, si l'on en excepte ce qui en est dit dans le livre de Job, où il est parlé de Sathan, qui ne peut signifier qu'un mauvais Démon. Mais il est constant que ce roman n'a été composé qu'au temps de la captivité pour exhorter les Juifs à la pénitence, & les engager à supporter patiemment le joug sous lequel ils gémissoient On objectera peut-être qu'il est parlé dans le Vieux Testament des Anges conducteurs du genre humain: j'en conviens; mais il y a beaucoup d'apparence que les récits qui les concernent sont de la façon d'Esdras, qui aura inséré dans sa compilation tout ce qu'il avoit recueilli de préjugés Chaldéens touchant les Esprits, les Génies &c. Car ces préjugés étoient assez du goût des Hébreux.

Enfin pour derniere preuve que la croyance des Démons ne vient point d'une source divine, qu'elle a été séparée de la connoissance du premier Etre, & qu'en un mot les Chaldéens en étoient prévenus avant les Juifs; c'est qu'on lit dans le Thalmud que le nom d'Ange & de Démon n'a été en usage chez le peuple de Dieu, qu'après son retour de la captivité de Babylone: ce qui a porté les Saducéens à nier plusieurs dogmes de l'Ecriture, & nommément celui des Esprits célestes ou infernaux; fondés sur ce que ces dogmes étoient de l'invention des Prêtres & des Docteurs qui avoient compilé la sainte Bible.

C'est encore aux Chaldéens que les Grecs sont redevables de l'opinion des Démons: Plusieurs de leurs Philosophes qui voyagerent en Orient, la leur rapporterent. Elle étoit informe; Platon la digéra & la rendit plus méthodique. Les Démons, selon lui, sont d'une nature moyenne entre Dieu & les hommes, & destinés par état à entretenir le commerce du Ciel avec la Terre. Il leur prête des facultés singulieres, & prétend qu'ils sont capables de haine ou d'amour. Or jamais philosophie n'eut tant de cours chez les Chrétiens, pendant les premiers siècles de l'Eglise, que celle de Platon. Ses ouvrages qu'ils ne comprenoient pas, passerent pour des commentaires de l'Ecriture Sainte. Mais on parloit fréquemment, dans ces ouvrages, de Démons & de Génies. Il n'est donc pas étonnant que les Chrétiens les ayent admis, & ayent reconnu leur pouvoir que Platon avoit si bien établi.

Le sentiment des Chrétiens sur les sorciers vient aussi d'une source étrangere au Christianisme. Ses premiers sectateurs étoient pour la plupart éleves des Ecoles Pythagoricienne & Platonicienne, & par conséquent infatués de l'opinion des apparitions des Démons, qu'ils croyoient avoir le pouvoir de chasser, par la vertu de certaines paroles, qu'on appelle exorcismes. Selon les Chrétiens, les sorciers employent dans leurs évocations, & même dans les pactes qu'ils font avec le Diable, des paroles tirées des livres saints. Mais de quelles expressions se servoient Pythagore, Empédocle & leurs Disciples, pour le même sujet? Ce n'étoit certainement pas des Ecritures Saintes qu'ils les tiroient. Cependant ces philosophes superstitieux prétendoient qu'en vertu des pactes dont ils donnoient la formule on pouvoit venir à bout de tout l'enfer, & que leurs évocations avoient une telle force, que nulle ame n'y pouvoit résister.

Nous apprenons dans l'histoire ancienne, qu'il y avoit dans l'Orient un peuple idolâtre, appellé les Sabéens, qui étoit autant & plus entêté que les Chrétiens de l'opinion des Esprits & des Démons, & qui ajoutoit une foi entiere aux prodiges opérés par les morts. Les Chaldéens étoient les rivaux des Sabéens, & ne leur cédoient en rien à cet égard. La Grece adopta un peu plus tard cet extravagant sentiment. Jusqu'au temps de Xercès, ce n'avoit été chez les Grecs qu'une façon de penser particuliere à quelques philosophes, comme Hésiode & Thalès; mais les Persans qui l'avoient reçue des Chaldéens, la leur transmirent, & elle devint générale.

Il n'étoit donc pas besoin d'une Révélation particuliere de Dieu, pour donner aux hommes la connoissance de ces Etres métaphysiques qu'on nomme Démons ; & l'on pouvoit se passer aussi de la venue du fils de Dieu, qui en apprenant à ses sectateurs l'art des exorcismes, ne leur enseigna rien de nouveau.

Les Chrétiens pressés par la multitude des preuves historiques qui nous convainquent que les plus anciens Payens avoient connoissance des Anges & des Démons, & qu'ils sçavoient le secret de se les attacher, ou de les éloigner, au gré leurs intérêts ont avoué le premier fait tout simplement. Mais par rapport aux exorcismes employés par ces peuples, & avec succès, les Chrétiens ont soutenu qu'ils étoient l'œuvre du Démon. Rien n'est plus absurde que de prétendre que le Diable fournit aux hommes des armes contre lui-même ; mais les Chrétiens ne pouvoient s'échapper autrement : car la faculté d'exorciser qu'avoient les Payens est prouvée plus autentiquement par l'histoire, que le pouvoir de chasser les Démons, que s'attribuent les Chrétiens, ne l'est dans l'Evangile ; & si ceux-ci eussent nié les faits magiques de ceux-là, la parité des preuves auroit tourné à leur confusion.

D'un autre côté on pourroit, du sentiment des Chrétiens sur les exorcismes, tirer une conséquence fatale à l'honneur de Jésus-Christ. Les Payens avoient le pouvoir d'exorciser; les Chrétiens en conviennent; & quand ils n'en conviendroient pas, nous en avons cent preuves consignées dans les plus célebres historiens. Jésus avoit aussi le talent de se faire obéir par l'enfer. Mais ce pouvoir, dans les Payens, venoit du Diable. Si le Christ n'a fait que ce qu'eux-mêmes faisoient, qui m'assurera que sa puissance n'a pas comme la leur un principe Diabolique?

Je crois vous en avoir assez dit sur le chapitre du Diable, pour vous convaincre que cet Etre n'a jamais existé que dans le cerveau creux de quelques Philosophes superstitieux, & peut-être vendus aux Puissances Civile & Ecclésiastique, qui avoient intérêt à ce que les peuples crussent qu'il y a des Etres méchans entre les griffes desquels on tombe après la mort, lorsque pendant la vie on s'est révolté contre les préjugés de ses maîtres. Les Anges & les

Archanges, dont les Chrétiens font des peintures si avantageuses, n'ont pas plus de réalité. La croyance des Anges Gardiens a sa source dans le Paganisme, comme nous l'avons vu. Platon enseigne que chaque homme a son Génie particulier ; Ménandre assure la même chose, & ajoûte que comme il y a des hommes qui souhaitent des Génies d'une certaine espece, il y a de même des Génies qui demandent la conduite de tel ou tel homme, par préférence. Selon cet Auteur, le bonheur d'un mortel dépend de son Génie tutélaire, & il est fortuné à proportion que celui-ci a plus de pouvoir ; & la protection d'un Génie foible & incapable de tenir tête aux autres, lui faisoit traîner une vie languissante & obscure.

C'est principalement des Chaldéens, que les Juifs prirent le dogme des Anges Gardiens : & le sentiment d'Empédocle, qui en donnoit deux à chaque homme, l'un bon, l'autre mauvais, a donné lieu aux Chrétiens d'imaginer qu'ils avoient chacun un Ange & un Démon, qui faisoient des efforts respectifs pour les conduire, le premier vers le bien, le second vers le mal.

Les Mahométans, prévenus de la folié du systême des Anges, l'ont extrêmement variée. Ils assurent que Dieu a donné soixante-dix Anges à chaque Musulman, pour le garder, & il ne leur arrive rien que ces Etres n'en soient responsables. Dans cette troupe d'Anges qui gardent chaque homme, deux sont Supérieurs, & se tiennent continuellement assis, l'un à la droite & l'autre à la gauche du Turc qu'ils protegent. Leur occupation principale est d'écrire chacun dans un registre *ad hoc*, les bonnes & mauvaises actions que commet journellement celui qu'ils gardent.

La chute des Anges est beaucoup mieux décrite dans les Vers d'Empédocle que Plutarque nous a conservés, que dans la sainte Bible, & très-certainement ce n'est pas un plagiat des œuvres de Moyse. Mais voyons un peu si dans l'hypothèse d'une premiere cause, il est vrai qu'il y ait des Etres tels que les Anges.

L'Ecriture parle des Anges comme d'autant d'Etres visibles & corporels, qui apportent aux hommes les ordres de Dieu, ou qui viennent sur la terre pour les exécuter. Si l'on en croit le Juif imbécile, ils étoient armés d'épées flamboyantes, parloient la langue du pays où ils defcendoient, fonnoient du cor & en un mot faifoient tout ce qui appartient aux corps; car un Efprit n'a ni ne peut avoir aucune prife, aucune action fur les corps matériels. Sans rapporter tous les endroits de la Bible où les Anges font faits corps, je m'en tiens au chapitre 18e de la Génèfe qui eft très-clair; car il y eft dit que trois perfonnes apparurent à Abraham dans la plaine de Mambré, qu'il les pria de fe repofer fous un arbre, qu'il leur fit laver les pieds, leur préfenta un veau & des gâteaux, & qu'ils en mangerent. Or les meilleurs commentateurs difent que c'étoient trois Anges, commis de la part de Dieu pour accomplir fes terribles jugemens fur Sodome. La plupart des premiers Peres de l'Eglife prévenus par ces paffages de l'Ecriture, ont cru les Anges corporels : & même ces Etres furent jugés tels par un canon du fecond Concile de Nicée tenu l'an 788.

Origene penfoit de la forte; & c'eft pourquoi il affure qu'il n'y a que Dieu feul qui foit entiérement dégagé de la matiere. Caffien, Juftin Martyr, S. Auguftin & plufieurs Chrétiens du premier ordre, ont foutenu le même fentiment. Or, comme ils admettoient dans les Anges une matiere, & par conséquent des parties qui pouvoient être séparées, il étoit naturel que ces Anges buſſent & mangeaſſent, pour réparer par le ſuc des alimens, ce qu'ils perdoient par la tranſpiration des humeurs, & rétablir leurs forces épuiſées par le mouvement & le choc des corps qui agiſſoient ſur eux. De-là, les Peres furent obligés d'avouer avec les Juifs & les Chaldéens que les Anges étoient mortels. Ils firent plus : ils convinrent que ces Etres, qui ceſſoient alors d'être métaphyſiques, & à qui Dieu avoit confié le Gouvernement du monde, devenoient amoureux des filles des hommes, & que de ce commerce étoient nés les Géans, ſuivant quelques-uns, & les Démons ſelon d'autres. Pour perpétuer l'eſpece angélique, ſans avoir recours à de nouvelles créations, ils firent les Eſprits mâles & femelles, & prétendirent qu'ils s'uniſſoient à la façon des hommes. Ils leur attribuerent l'origine du fard, & Tertullien reproche aux Chrétiens de ſon temps qu'il ne pratiquent que trop les fatales leçons qu'ils ont reçues des Anges ſur les ornemens & le luxe en général.

On se sent mû de compassion, en voyant les hommes forger des Systêmes aussi extravagans que l'est celui de l'existence des Anges ; mais on doit s'attendre à tout de la part de gens qui, parce qu'ils ne pouvoient comprendre comment tout se faisoit, ont tout fait faire à un Etre qu'ils ne connoissent pas mieux que les causes des diverses productions. La haute idée que les mortels se sont faite de leur Dieu, & la vue de leur néant, a pu fort bien donner naissance aux Anges messagers. Parce que Dieu est infiniment élevé au dessus des hommes, les Anciens ont cru bonnement qu'il y avoit entre lui & nous des especes moyennes, qui faisoient la communication des deux extrémités si éloignées, & par le moyen desquelles l'action de Dieu passoit jusqu'à nous. Voyez, Sophie, combien ce raisonnement est absurde. Si l'action de Dieu est assez forte pour traverser l'espace infini qui est entre Dieu & les Anges, elle peut également traverser celui qui se trouve entre les Anges & les hommes, qui ne sont éloignés d'eux que de quelques dégrés, lesquels même n'ont aucune proportion avec le premier éloignement. Tou-

Toutes les Créatures sont infiniment imparfaites à l'egard de Dieu : elles sont toutes infiniment éloignées de lui ; & les différences de perfection disparoissent entre elles, dès qu'on les compare avec Dieu. Ce qui éleve les Créatures les unes au dessus des autres, ne les approche pourtant pas de lui ; car il est infiniment élevé, & l'infinité d'élévation n'a point de termes moyens. On n'a donc pas besoin d'Anges ni de Démons pour faire passer l'action de Dieu jusqu'aux hommes. En vain l'on imaginera cent choses entre lui & nous ; s'il est infiniment élevé, rien ne peut nous approcher de sa personne.

Les hommes se plaisent beaucoup à raisonner sur ce qu'ils connoissent le moins. On ne connoît point la nature des Anges ; leur création, leur existence sont des secrets absolument inconnus : cependant il y a peu de sujets sur lesquels les anciens & les modernes ayent autant raisonné. Il eût fallu, pour nous éclairer sur les Anges, une révélation particuliere : nous ne l'avons pas reçue : mais l'esprit humain est fécond en ressources. Au défaut de la Révélation, on a trouvé dans l'ouvrage d'un imposteur qui prend le nom de S. Denis l'Aréopagite, quelques mots vagues sur l'hyérarchie angélique : c'en est assez. Une foule d'écrivains, autorisés par cet ancien, traitent cette matiere avec un air de certitude si frappant, qu'à les entendre on seroit tenté de croire qu'ils ont voyagé dans le pays des Anges, dont ils donnent des mémoires historiques. Pour nous, ma chere Sophie, qui ne sommes jamais sortis de notre planete, & qui ne voyons les choses que par les yeux de la raison, nous sommes portés par cette même raison à rejetter tout ce qu'on débite de raisonnemens sur les Anges & les Diables, jusqu'à ce qu'on nous ait démontré leur existence. Plus nous examinons l'opinion qui les admet, & plus nous sommes convaincus que c'est une vieille erreur que les Chrétiens ont renouvellée des Juifs & des Grecs qui la tenoient des Chaldéens, qui sans doute l'avoient reçue de quelques peuples formés avant eux.

LETTRE XIII.

Les Evangélistes sont des Imposteurs.

Nous avons vu dans les Lettres précédentes, qu'il n'étoit pas possible de s'en rapporter à des auteurs Juifs sur des faits d'une certaine conséquence ; parce que la crédulité & la superstition sont les caracteres distinctifs de cette nation. Au reste, il peut arriver que de très-honnêtes gens se trompent, & fassent, sans y penser, un mélange monstrueux de la vérité & du mensonge. Les Evangélistes, par exemple, auroient parfaitement bien pu errer sur le dogme, sans que par rapport à cela on eût pû les taxer d'imposture. Mais si nous les trouvons menteurs sur des faits publics & naturels, qu'ils nous attestent comme témoins oculaires, nous serons en droit de rejetter tout ce qui viendra de leur part. Si nous démontrons faux des faits qu'ils nous racontent, lorsque ces faits tendent à établir le merveilleux de la naissance, de la vie ou de la mort de leur maître, quelle que soit notre indulgence pour eux, nous ne pourrons plus les regarder comme des hommes trompés par un autre; nous ne les considérerons plus que comme des fourbes qui, d'accord avec leur chef imposteur, ont fait tout ce qui étoit en eux pour nous en imposer. N'attendez pas de moi, Sophie, que j'entre dans le détail de tous les faits contenus dans les Evangiles, pour convaincre leurs auteurs d'imposture, je ne m'arrêterai qu'à quelques faits historiques de la premiere conséquence, que je choisis dans la multitude.

1°. Les premiers Chrétiens ayant trouvé dans les prophéties un passage où il est parlé de Bethléem en ces termes : *& toi Bethléem, tu ne seras pas la moindre entre les villes de Juda*, résolurent d'en tirer parti. Jésus-Christ, comme vous le sçavez, nâquit en cette ville; mais il falloit qu'une raison indispensable y conduisît Joseph & Marie; car quelle vraisemblance qu'une femme sur le point d'accoucher, aille se mettre en voyage sans aucun objet? Dans la folle antiquité, la naissance des grands hommes a toujours été marquée par des événemens extraordinaires; & il convenoit d'en orner celle de Jésus-Christ. Or pour constater à la fois la naissance de ce Dieu, son origine, la qualité de ses parens; pour vérifier l'ancienne prédiction, & donner à Joseph & à Marie un motif de voyager, les Evangélistes ont supposé qu'alors *César Auguste ordonna par un édit, que tout l'Empire fût enregistré & mis sous contribution*, ce qui donnna lieu aux parens de Notre-Seigneur, dit un Apologiste Chrétien, de se transporter à Bethléem. Ce fait, continue-t-il, (*a*) est rapporté par divers historiens Romains, comme Tacite, Suétone & Dion. Nous allons voir que les Evangélistes & les Apologistes ont également menti.

Tacite, Suétone & Dion ne disent pas un mot de cet édit d'enrôlement publié par César Auguste. Tacite (*b*) parle seulement d'un livret écrit de la main d'Auguste qui contenoit un état des forces, des revenus & des dépenses de l'Empire. Voici ses termes : *Cùm proferri libellum recitarique jussit. Opes publicæ continebantur. Quantùm civium sociorumque in armis; quot classes, regna, Provinciæ, tributa aut vectigalia & necessitates, & largitiones, quæ cuncta sua manu perscripserat Augustus.* Juste-Lipse nous

(*a*) Addison, de la Rel. Chr. Sect. 2.
(*b*) Ann. Lib. I. Chap. 2.

fait remarquer qu'à Ancyre il y a un exemplaire de cet ouvrage avec ce titre qui a été copié par Busbecq. *Rerum gestarum divi Augusti, quibus orbem terrarum imperio populi Romani subjecit, & impensarum quas in rempublicam populumque Romanum fecit, incisarum in duabus ahenis pilis, quæ sunt Romæ positæ, exemplar subjectum.*

Mais cet abrégé qu'Auguste avoit fait pour son usage, le même sans doute que Suétone indique sous le nom de *Breviarium totius imperii*, ne peut servir de preuve du dénombrement que S. Luc dit avoir été fait en Judée en conséquence d'un décret spécial de cet Empereur. Ce devoit être le sommaire de tous les états des forces de l'Empire, pris en divers temps, plutôt que l'ouvrage d'un seul dénombrement. Les expressions de Tacite montrent d'ailleurs que ce petit ouvrage d'Auguste comprenoit divers Royaumes & Etats dépendans ou alliés des Romains, lesquels n'ayant jamais été soumis à aucune taxe, ne pouvoient par conséquent être compris dans un dénombrement pareil à celui dont parle S. Luc dont l'édit ordonnoit que *tout* fût mis sous contribution.

Suétone n'est pas plus favorable à S. Luc. Il marque simplement (a) qu'Auguste avoit fait trois fois le dénombrement de tout le peuple. *Censum populi ter egit, primum ac tertium eum collegâ, medium solus.* Basnage de Flottemanville rapporte à ce trait d'histoire ce que dit Suétone (b) : qu'on présenta au Sénat trois livres dont l'un contenoit le dénombrement fait par Auguste. *Manuscriptum depositumque apud se (Testamentum Augusti) virgines vestales cum tribus signatis æquè voluminibus, protulerunt; quæ omnia in Senatu aperta atque recitata sunt.* Et plus bas, le même historien dit encore : *De tribus voluminibus, uno mandata de funere suo complexus est; altero, indicem rerum à se gestarum quem vellet incidi in æneis tabulis quæ ante mausoleum statuerentur : Tertio, Breviarium totius imperii, quantum militum sub signis ubiquè esset, quantum pecuniæ in ærario & fiscis & vectigalium residuis.* C'est ce *Breviarium totius imperii*, que Juste-Lipse & Basnage, & un grand nombre de Chrétiens ont regardé comme le Registre du dénombrement dont parle S. Luc.

Tout ce que j'ai dit sur les passages

(a) Vit. Aug. c. 27.
(b) Chap. ultr.

de Tacite, je l'applique à ceux de Suétone. Vous entendez assez la langue de ces historiens, pour être convaincue que les trois dénombremens dont parle ce dernier n'ont aucun rapport avec un dénombrement général de tout l'Empire; qu'au contraire ils sont tous trois limités au cens ou dénombrement du peuple Romain. *Censum populi ter egit.* Le mot *populus* indiquoit uniquement le peuple Romain, comme on diroit le peuple par excellence : ainsi *urbs* désignoit seul la ville de Rome. On ne trouve donc aucune liaison entre les passages cités des historiens Romains, & le texte sacré, par rapport au dénombrement général dont il est question. Dion-Cassius que les Chrétiens ont mis en compromis avec Tacite & Suétone, pour venir à l'appui de leur mensonge, ne leur est pas plus favorable. Voici le passage que les Chrétiens rapportent, que je vous traduis mot à mot du Grec. ,, Le troi-
,, sieme (de ces registres présentés au
,, Sénat) contenoit un état des troupes,
,, des revenus, des dépenses publiques,
,, & la quantité d'argent qui étoit dans
,, le trésor (*a*)''. C'est cependant ce troisieme registre qui contient le *Brevia-*

(*a*) Dio. Cass. hist. Rom. lib. 56. p. 591. n. B.

rium totius imperii, que les Chrétiens invoquent comme une preuve du témoignage de S. Luc.

Quelques Docteurs Chrétiens rapportent encore sur le dénombrement de S. Luc, un passage du même Dion. Mais il est démontré qu'il n'y a aucun rrapport, & que c'est encore un trait de leur mauvaise foi. Voici le fait dont il s'agit.

Les Romains avoint une taxe qu'on appelloit le *vingtieme*: & cette taxe étoit extrêmement onéreuse pour un grand nombre de personnes. Auguste proposa d'y suppléer par une autre voye
„ mais le Sénat, dit Dion (*a*), ne
„ trouvant pour cela aucun expédient
„ convenable, Auguste donna à enten-
„ dre qu'il leveroit de l'argent sur les
„ fonds & les maisons, sans dire com-
„ bien, ni de quelle maniere il le le-
„ veroit; & sur cela, il envoya de cô-
„ té & d'autre des Commissaires, pour
„ dresser un état des Biens des parti-
„ culiers & des villes. Le Sénat vo-
„ yant cela, ne s'opposa plus à la le-
„ vée de l'ancienne taxe du *vingtieme*
„ (contre laquelle il s'étoit récrié d'a-
„ bord): elle fut confirmée, de peur

(*a*) Dio. Cass. lib. 56. p. 588. E.

„ qu'on n'y substituât quelque imposi-
„ tion plus onéreuse. C'étoit-là tout
„ ce qu'Auguste avoit en vue, & il ne
„ pensa plus à faire exécuter les ordres
„ qu'il avoit donnés à ce sujet." Il
ne s'agit point-là de dénombrement des
particuliers, mais seulement d'un état
des biens. C'est ce dernier objet que
les Chrétiens ont saisi, parce qu'il a
quelque conformité avec ce que dit S.
Luc : que César ordonna que tout
l'Empire fût enregistré & mis sous
contribution. Mais les Prêtres & les
défenseurs du Christianisme ont-ils cru
qu'ils seroient à jamais les seuls qui
sçussent lire, & qui eussent connoissance
de la chronologie des faits ? Ce fut
en l'an 766. de Rome, & le 13e. de
l'Ere Chrétienne, que César donna des
ordres pour procéder à l'état des fonds;
époque distante de l'enrôlement dont
parle S. Luc d'environ quarante-sept
ans. Aussi les Chrétiens qui se sont
servis du témoignage de Dion, ont-ils
gardé le plus profond silence sur la date du fait que je viens de rapporter;
se persuadant, sans doute, qu'on ne s'a-
viseroit pas de recourir au texte pour
fixer l'événement.

Les sectateurs de l'Evangile se voyant preſſés de toutes parts, & ne pouvant trouver dans toute l'antiquité quelque ouvrage qui leur ſervît à démontrer que S. Luc n'a pas menti en parlant du dénombrement en queſtion, ont remonté ſur leur grand cheval de bataille, c'eſt-à-dire, ſur les preuves qu'ils prétendent perdues. Un Chrétien, nommé Pictet, n'a pas craint d'avancer (a) que ſi nous avions encore les dix années de Dion qui nous manquent, nous y trouverions l'hiſtoire du dénombrement dont parle S. Luc. Mais n'eſt-ce pas nous prendre pour des dupes, que de faire une pareille allégation? Le fait dont je viens de parler il n'y a qu'un moment, arriva l'an de Rome 766, & le 13e. des Chrétiens; Dion le rapporte: les dix années qui nous manquent de cet auteur, commencent dès le Conſulat d'Antiſtius & de Balbus, & finiſſent à celui de Meſſala & de Cinna; c'eſt-à-dire, de l'an de Rome 748 à 758. Mais l'an 753 de Rome répond à la premiere année de l'Ere Chrétienne; Jéſus-Chriſt a vécu 33 ans qu'il faut ôter de ces 753 années: dont il eſt né l'an 720 de Ro-

(a) Théol. franc, t. 1. liv. 9. ch. 17, dans les notes.

me : donc Dion ne peut parler de l'enrôlement qu'on lit dans S. Luc, puisqu'il y a une distance de 28 ans de cet enrôlement supposé à l'an 748, la premiere de celles qui nous manquent.

Enfin les Chrétiens voyant leur sentiment battu de tous côtés, ont eu recours à Suidas, écrivain Grec dont l'ouvrage ne présente point une histoire suivie, mais un recueil de faits assez indigestes, &, comme tels, plus propres à leur servir, car ils aiment l'obscurité. Cet auteur presque inconnu dit qu'Auguste avoit souhaité de connoître le nombre de tous les habitans de l'Empire ; & il parle du nombre qui s'en trouva (dit-il) après la recherche qui en fut faite, lequel il fixe à 4,101,017. (a) Mais il faut que Suidas se soit trompé, & la remarque d'Usserius sur cet endroit, mérite d'être rapportée. ,, Sous leur Consulat ,, (de *Caius-Marius-Censorius*, & de ,, *Caius-Asinius-Gallus*) il se fit un se- ,, dénombrement, où le nombre des ,, Citoyens Romains qui étoient à Ro- ,, me se trouva être de 4,233,000, ,, comme on peut le recueillir des frag-

(a) Suidas in voce. Αυγυστ⊙.

,, mens du Marbre d'Ancyre. Dans
,, Suidas au mot *Auguste*, le nombre
,, qui y est marqué est beaucoup moin-
,, dre, n'étant que de 4, 101, 017;
,, & il est absurde de vouloir nous
,, donner, comme il fait, un tel dé-
,, nombrement, non pour celui de Ro-
,, me seule, mais pour celui de tout
,, l'Empire Romain ". *Qui tamen*,
dit-il, *non pro Urbis tantùm sed pro orbis etiam Romani censu, ridiculè nobis ibi obtruditur.* (*a*) Le sçavant homme qui nous a donné la derniere édition de Suidas (*b*) approuve avec éloge cette remarque d'Usserius, conforme à celle de Casaubon (*c*), sur quoi *Lardner* observe que comme Usserius & Kuster employent tous deux le mot de ville (*Urbis*), il faut supposer qu'ils n'entendent pas seulement la ville de Rome & son territoire ; mais les Citoyens Romains répandus dans tout l'Empire, ou au moins dans toute l'Italie : car autrement ils paroîtroient presque aussi déraisonnables que Suidas. En effet, il n'est pas croyable que dans Rome, y compris son territoire, outre les Etran-

(*b*) Usser. ann. à l'an du monde 3996.
(*c*) Kuster.
(*d*) Contr. Baron. Exercit. 1. n. 93.

gers & les esclaves qui y étoient en très-grand nombre, il y eût autant de Citoyens Romains que le marque le Marbre d'Ancyre, quand même tous ceux qui seroient entrés dans le dénombrement en feroient partie. ,, C'est ,, dans ce sens, *continue Lardner*, que ,, j'adopte la censure qu'ils font de ,, Suidas: le nombre des habitans de ,, l'Empire Romain doit nécessairement ,, avoir excédé le nombre que Suidas ,, & le Marbre d'Ancyre nous rap- ,, portent; quoiqu'il faille supposer que ,, l'on n'y comprenoit que ceux qui ,, étoient en âge de porter les ar- ,, mes". En voilà assez pour montrer que le nombre fixé par le Marbre d'Ancyre ne sçauroit être celui de tous les habitans de l'Empire, & par conséquent, pour montrer l'inutilité du passage de Suidas, par rapport au dénombrement de St. Luc.

CE court examen des autorités que l'on allegue, tirées de Tacite, Suétone, Dion & Suidas, peut suffire, ce me semble, pour nous convaincre que St. Luc a altéré la vérité, en parlant d'un dénombrement général fait dans toutes les provinces de l'Empire. Le silence de toute l'antiquité sur un fait aussi important, aussi éclatant, est de la plus fâcheuse conséquence pour les Chrétiens. Il ne tend pas à moins qu'à démontrer fausse l'histoire de la naissance de Jésus-Christ, rapportée par St. Luc, & par contrecoup, tous les faits rapportés dans son Evangile.

Dans l'ordre des temps, à la suite de cette premiere époque du Christianisme, se présentent deux faits aussi importans pour les Chrétiens, mais qui par malheur se trouvent également combattus.

2°. Je veux parler de l'Etoile miraculeuse qui conduisit les Mages à l'étable où naquit le Christ, & du massacre des Innocens. Par rapport au premier de ces deux faits, les Chrétiens s'appuyent sur le témoignage d'un Philosophe Platonicien qui florissoit au commencement du IVe. Siècle. „ Chalcide, „ *disent-ils*, (a) parle de l'Etoile qui parut en Orient & qui guida les Mages „ jusqu'aux pieds de l'Enfant Jésus ; & „ le fait presque dans les mêmes termes „ que les Evangélistes. Il dit que cet-„ te étoile annonçoit aux hommes qu'un „ Dieu étoit descendu du ciel pour le „ salut du genre humain". Voyons comment s'explique Chalcide.

(a) Chalcid. com. in Tim. p. 219.

"Il y a, *dit-il*, une autre histoire plus digne de notre vénération religieuse, qui publie l'apparition d'une étoile destinée à annoncer aux hommes, non des maladies, ou quelque mortalité funeste ; mais la venue d'un Dieu, descendu uniquement pour le salut & le bonheur du genre humain. Elle ajoûte (cette histoire) que cette étoile ayant été observée par des Chaldéens distingués par leur sagesse, & très-versés dans l'astronomie, sa route nocturne les conduisit à chercher le Dieu nouvellement né, & qu'ayant trouvé cet auguste Enfant, ils lui avoient rendu les hommages qui étoient dus à un si grand Dieu."

Si l'on peut donner pour garant d'un fait un homme qui 400 ans après, dit qu'il court un bruit que tel fait est arrivé, les Chrétiens ont raison d'alléguer Chalcide ; mais comme cette preuve n'est point admissible, je me crois fondé à le révoquer en doute jusqu'à ce qu'on m'ait fourni des témoignages plus autentiques (*a*).

Au

(*a*) Vanini dans son livre intitulé *Amphitheatrum æterna providentiæ*, imprimé à Lyon en 1715. prouve que Chalcide n'est souvent qu'un rêveur.

Au suffrage de Chalcide, les Chrétiens ont joint celui de Macrobe qui vivoit au commencement du Ve. siècle. Si Macrobe nous citoit un auteur contemporain du fait en question, son témoignage seroit de quelque poids : mais s'il n'en parle que comme d'une chose qu'il a ouï dire, comme a fait Chalcide, nous n'aurons pas plus d'égards à son récit, qu'à celui du Philosophe Platonicien.

Il étoit de la derniere importance pour les Chrétiens de constater le prodige de l'étoile en question : cependant ils n'en produisent d'autres preuves que l'Evangile : & quoiqu'ils m'assurent que les miracles de leur Christ ont été vus par un peuple entier, je leur répondrai toujours avec Mr. Diderot : (*a*) ,, Tant ,, qu'un fait ne sera pas confirmé par ,, l'autorité de quelqu'un qui ne soit pas ,, de votre parti, & que j'ignorerai que ,, ce quelqu'un étoit incapable de fa- ,, natisme & de séduction, je le nierai.'' Tous les hommes ne sont pas si difficiles que Mr. Diderot. On objectoit à un sçavant Chrétien que l'on n'avoit pû s'accorder encore à fixer l'époque de la naissance du Christ : devinez, Sophie, ce qu'il répondit? ,, Que nous importe

(*a*) Pensées Philosoph. Art. 46. édit. de 1746.

N

,, de sçavoir l'heure, le jour & l'année
,, où s'est levée la lumière; qu'il nous
,, suffise que nous pouvons en jouir. (a)"
C'est bien sçavammement raisonner. Passons au massacre des Enfans. Les Chrétiens se fondent, pour ce fait, sur Macrobe qui rapporte dans ses Saturnales (b) ,, qu'Auguste ayant appris qu'Hé-
,, rode, Roi des Juifs, avoit fait tuer
,, en Syrie un grand nombre d'enfans
,, mâles âgés de deux ans & au dessous,
,, & que le propre fils de ce Prince avoit
,, été enveloppé dans cet horrible massa-
,, cre, dit : il vaudroit mieux être le
,, pourceau d'Hérode que d'être son
,, fils".

Il y a du faux & du vrai dans ce passage de Macrobe. Les Saturnales, vous le sçavez, étoient des satyres, & non des histoires ; par conséquent l'auteur n'y avoit observé aucune vérité historique. Pour donner une place à la plaisanterie d'Auguste, il rapproche des faits ou supposés, ou du moins très-distans l'un de l'autre ; ce qui atténue extrêmement son témoignage. Et 1°. il suppose le massacre en Syrie ; selon l'Evangile la scene se passa en Judée. 2°. Il ne charge Hé-

---

(a) Mosheim, Instit. hist. Christ. Sæc. 1. p. 94.
(b) Macrobe, Saturn. l. 2. Cap. 4. de Jocis Aug.

rode que du massacre d'un grand nombre d'enfans; l'Evangile soutient qu'il les fit tous périr dans Bethléem & son territoire. 3°. Il dit que le propre fils d'Hérode fut enveloppé dans cet horrible massacre: Antipater fils d'Hérode étoit homme fait quand son pere lui fit ôter la vie; donc il n'étoit pas du nombre des petits enfans. 4°. Ce fut Auguste lui-même qui prononça l'arrêt de mort contre Antipater: Auguste ne pouvoit donc railler Hérode d'une exécution faite par ses ordres. 5°. La raillerie d'Auguste ne tombe point sur le massacre des innocens, & est trop foible pour mériter une réponse. 6°. Macrobe est un mauvais témoin de ce qui s'étoit passé quatre siècles avant lui: & d'ailleurs un Roman n'entre pour rien dans la preuve d'un fait historique tel que celui du massacre en question, qui, s'il eût existé, n'eût été ignoré d'aucun historien Juif ou Romain. Aux objections que je viens de rapporter contre le fait de l'Evangile, se joint une autorité accablante pour les Chrétiens; c'est le silence de Josephe & de Nicolas de Damas, deux historiens qui ont particularisé dans le plus grand détail les actions d'Hérode. Je sçais bien que les Chrétiens avancent que Josephe n'a pas osé insérer ce fait dans son histoire : j'avouerai cette timidité dans l'historien Juif, s'ils veulent avouer qu'il n'a pas osé faire l'éloge du Christ dans cette même histoire, & que c'est eux qui l'y ont ajouté ; car pour s'accorder il faut céder un peu de part & d'autre.

Je laisse à part une multitude de faits que les Evangélistes nous ont présentés comme vrais, & qu'on a démontrés ou faux ou douteux de la manière la plus convaincante, pour vous dire un mot des ténebres que l'on prétend être survenues à la mort du Sauveur des Chrétiens.

3°. Pour nous persuader de la vérité de ces ténebres, ils ont recours à Phlégon de Tralles en Asie, qui florissoit à Rome vers le milieu du second siècle, & qui vécut jusqu'à l'an 18 de l'Empereur Antonin le Pieux. Voici comment s'exprime Phlégon, qui ne cite pour garant aucun auteur contemporain.

„ La quatrieme année de la deux-
„ cent-deuxieme Olympiade, il y eut
„ une éclypse de Soleil la plus grande
„ qu'on eût encore vue. Il se forma à
„ la sixieme heure du jour une nuit si
„ obscure que les étoiles parurent dans

,, le Ciel. Il se fit de plus un grand
,, tremblement de terre, qui renversa
,, plusieurs maisons dans la ville de Ni-
,, cée en Bithynie. (a)

S'IL s'agit là du miracle éclatant qui se fit à la mort de Jésus-Christ, rien ne sera plus intéressant pour les Chrétiens, que d'en entendre le récit de la bouche d'un Payen. Mais comme dans une matiere aussi sérieuse, on ne peut trop prendre de mesures sur la nature des preuves, c'est un devoir indispensable que d'examiner avant de croire. Phlégon nous parle dans le passage ci-dessus d'une éclypse si considérable, qu'elle a été jugée totale ou centrale par tous ceux qui en ont fait mention d'après lui. Grotius (b), entre autres, avant lui Africanus, soutiennent qu'elle arriva au temps de la pleine Lune. D'autres Chrétiens plus instruits dans l'astronomie ont rejetté ce sentiment comme contraire aux principes constans de la nature. Mais l'Evangile est pour Africanus & Grotius; car il dit expressément que la Pâque des Juifs tomboit le lendemain de la mort du Christ. Or les Juifs célé-

(a) Olimp. 202e.
(b) De verit. Rel. Chr. lib. 3. p. 227. ed. Elzevir.

broient leur Pâque dans la pleine Lune: donc s'il y a eu une éclypfe à la mort du Chrift, elle a dû arriver dans la pleine Lune.

Entre le texte de Phlégon & l'Evangile, il y a une variation confidérable. L'un parle d'une éclypfe, & trois Evangéliftes (a) nous affurent qu'alors toute la terre fut couverte de ténebres. Sur quoi je vous obferve d'abord qu'une éclypfe en pleine Lune eft une chofe abfolument impoffible. Mais, difent les Chrétiens, c'étoit un miracle. Le cas arriva, dit Grotius, *contra naturam*. En eft-ce affez pour foumettre notre raifon, pour exiger notre foi? En vain le Père Colonia (b) nous affure avec d'autres, ,, qu'il faut de ,, toute néceffité que ces ténebres ou ,, cette éclypfe fuffent des ténebres & ,, une éclypfe furnaturelles, puifqu'elle ,, arriva au temps de la pleine Lune, & ,, *qu'elle dérangea abfolument le fyftême de* ,, *l'univers.*'' Si le fait de l'éclypfe eft abfolument nié, fans qu'on puiffe ni le prouver, ni furmonter la preuve négative du contraire, tirée des calculs & des

---

(a) Matth. c. 27. 45. Marc. c. 15. 33. Luc. 23. 44. St. Jean n'en parle pas.

(b) La Ref. chr. author. par les Payens, t. 1. 15.-16.

loix inébranlables de l'astronomie; il n'y aura pas même lieu au raisonnement que l'on fait pour l'appuyer. D'ailleurs des hommes vraiment philosophes admettront-ils *que ce dérangement absolu du système de l'univers* puisse jamais avoir lieu dans un miracle, quelque grand & quelque surnaturel qu'il pût être?

Si l'obscurité que les Evangélistes supposent à la mort du Christ est l'effet d'une éclypse, & d'une éclypse naturelle, ils ont altéré la vérité; car 1°. de l'aveu de tous les astronomes il n'y a eû ni pû avoir aucune éclypse naturelle durant tout le cours de la dix-huitieme année de Tibere, qui fut celle de la passion de Jésus-Christ. Mais, dira-t-on, s'il n'y a point eu d'éclypse durant cette année, que deviendra donc le passage de Phlégon? Quelque estime qu'on ait pour cet écrivain, on est forcé de conclure ou qu'il s'est trompé, ou que son texte s'est corrompu dans les diverses traductions qu'on en a faites, ou que les Chrétiens qui nous l'ont conservé, l'ont altéré; car enfin Phlégon ne peut l'emporter sur les régles invariables du calcul. 2°. En laissant le suffrage de Phlégon à part, parce qu'il n'est d'aucun poids entre les mains des Chrétiens dépositaires de son texte, & supposant que les ténebres arrivées à la mort de Jésus fussent un prodige, il en résulteroit toujours que les Evangélistes n'auroient pas dit la vérité : car quelle vraisemblance que toute la terre ait été plongée dans la nuit pendant trois heures, & qu'un événement, d'autant plus extraordinaire, que dans les éclypses totales mêmes l'obscurité entiere ne régne que deux minutes ou trois au plus, n'ait été rapporté par aucun historien, dans un siècle surtout où le moindre prodige se mettoit en ligne de compte.

Il nous importe assez peu que les Chrétiens en général ayent respecté la vérité sur des choses d'une légere conséquence : il nous suffit d'être convaincus qu'ils ont employé le mensonge pour donner du poids à leurs opinions, & rendre respectable une religion qui, présentée toute nue, n'auroit pas trouvé un seul prosélyte dans la lie du peuple même. Mais, disent les Chrétiens, si cette religion, l'objet de vos mépris & de votre critique, eût été telle que vous la supposez, si son Auteur n'eût pas été un Dieu, si ses miracles n'eussent pas étonné toute la terre, enfin si les Apôtres euffent été des impofteurs, elle auroit péri dès fon berceau. Peu faite pour flatter les paffions, tous les hommes fe feroient élevés contre elle, on auroit démafqué la fourbe, on étoit à portée alors: cependant nous la voyons s'attacher prefque en un inftant des millions d'hommes de tout état; à peine elle eft publiée qu'elle fe répand en cent lieux; elle eft perfécutée, il eft vrai, mais elle tire un nouveau triomphe de fes perfécutions: & enfin malgré les violences des Puiffances de la terre acharnées contre elle, on l'a vue en un clin d'œil paffer de l'étable où nâquit fon auteur, fur le premier trône du monde où elle régne en fouveraine.

La réfutation de ce raifonnement, qui eft comme le dernier rempart des Chrétiens, entrera dans ma prochaine Lettre.

* * * * * *
* * * * *
* * * *
* * *
* *
*

LETTRE XIV.

De ce qu'ont pensé les Anciens de la Religion & de son établissement.

Si l'on en veut croire les Chrétiens sur leur parole, à peine Jésus-Christ parut-il au monde qu'il fut reconnu pour un Dieu ; dès que sa Religion fut annoncée, sa sainteté fut reçue & respectée des génies les plus éclairés d'alors. On ne nie pas que Jésus-Christ n'ait été regardé comme un Dieu par des hommes de la lie du peuple Juifs & Payens, & même par des hommes d'un mérite distingué dans le Paganisme ; mais cela ne prouve rien : car il n'est pas plus étonnant de voir une vile populace déifier un fanatique qui l'a séduite, que de lui voir adorer un veau d'or : Et il est aussi facile de croire que d'illustres Payens ont donné le titre de Dieu au fils de Marie, que celui de Déesse à l'impudique Vénus. Dans l'antiquité la qualité de Dieu se donnoit sans tirer à conséquence. Si la voix générale pouvoit être la preuve de la déification d'un Etre, on pourroit faire ce raisonnement : tous les anciens Grecs & Romains ont reconnu Jupiter pour un Dieu ; donc il est réellement un Dieu : ce qui est absurde.

Il en est de même d'une Religion quelconque. Son acception, tant universelle qu'on veuille la supposer, ne fait point une preuve de sa vérité. Le peuple dans tous les temps, dans tous les pays, s'est ressemblé : la stupidité, l'ignorance & la superstition ont toujours été son principal caractere. Le suffrage des personnes au dessus du commun, n'a gueres plus de poids. La classe des Grands a son peuple : le reste se partage en gens indifférens, qui ne critiquent rien, qui louent même tout, parce que tout leur plaît également ; en hommes ambitieux, intéressés, qui roulant sans cesse de grands projets dans leur tête, font accueil à tous les partis dans l'espoir de s'en servir. Il est une espece d'hommes dont le suffrage doit être plus recherché ; il s'en trouve dans presque tous les états plus ou moins : je veux parler des vrais Sçavans, des Philosophes enfin.

Si la Religion Chrétienne eût eu de pareils défenseurs dans son origine, on l'auroit vue en un instant devenir la religion de tous les hommes. Un seul Philosophe, tel que Pline le jeune, par exemple, eût plus fait de prosélytes en un an, s'il eût embrassé la nouvelle secte, qu'un S. Paul n'en a fait pendant toute sa vie.

Mais les hommes du premier ordre, les génies supérieurs étoient bien éloignés d'acquiescer à une religion qui, sans être plus vraie que la leur, imposoit à ses Croyans un joug beaucoup plus difficile à porter. L'on faisoit de vains efforts pour leur persuader la Divinité de Jésus-Christ & la sainteté de sa Religion. ,, Ce Jésus que vous prêchez, ,, *disoit Julien*, (a) étoit un des sujets ,, de César. Si vous en doutez, je vous ,, le prouverai sur le champ d'une ma- ,, niere incontestable, & par un argu- ,, ment *ad hominem*, puisque vous dites ,, vous-mêmes qu'il a été enrôlé avec ,, son pere & sa mere du temps de Cy- ,, rénius. Il n'a rien fait, *dit-il ail-* ,, *leurs*, (b) qui mérite qu'on en parle, ,, à moins qu'on ne compte pour de

_____
(a) Julianus apud Cyrill. liv. 6. p. 213. édit. Spanh.
Julian. opera, lib. 6. p. 191. édition Colon.
(b) 1688.

„ grandes actions d'avoir guéri des boi-
„ teux & des aveugles & d'avoir chassé
„ les Démons des possédés dans les
„ Bourgs de Bethsaïde & de Bethanie."
Nisi quis existimet inter maxima ejus opera, claudos & cæcos integritati restituere, & demonio correptos adjuvare in vicis Bethsaida aut Bethania, magni alicujus facinoris numero habeat.

REMARQUEZ, Sophie, que Julien ne parle pas ici de l'enrôlement de Jésus d'une maniere à confirmer ce qu'en dit S. Luc; il combat les Chrétiens par leur aveu propre: ce qui est bien différent. Ce qu'il dit des guérisons opérées par le Christ, ne leur est pas plus favorable; car il ne les avoue que comme des guérisons, & non comme des prodiges; & dans le Paganisme même rien n'étoit plus fréquent que ces sortes d'opérations qui tiennent du prodige aux yeux du Vulgaire, mais qui ne sont que des effets de la nature aux yeux des gens éclairés. Le ton qu'il employe en parlant des exorcismes du fils de Dieu, fait bien voir que cette vertu ne lui étoit pas aussi universellement attribuée que le prétendent les Chrétiens. Pour atténuer la force du témoignage de Julien, les Chrétiens, non contens de l'avoir fait assassiner, comme on a lieu de le croire, ont tout mis en usage pour noircir sa réputation: ils l'ont surnommé l'Apostat, nom infâme parmi eux; mais le temps de l'illusion est passé. ,, Nous avertirons, ,, *dit Corrévon* (a), qu'on ne lui don- ,, ne plus l'épithete d'Apostat qu'avec ,, le vulgaire. Si Julien étoit payen ,, de bonne foi, c'en étoit assez pour ,, ne pas flétrir son erreur. C'étoit un ,, grand homme, dit Montesquieu (b), ,, & un grand Prince. Un suffrage ,, ainsi arraché ne me rendra point ,, complice de son Apostasie. Il n'y a ,, point eû après lui de Prince plus di- ,, gne de gouverner les hommes." Ce qui nous reste des ouvrages de Julien confirme l'éloge de Montesquieu.

CELSE, Philosophe Epicurien, ami intime du fameux Lucien de Samosate, florissoit vers le milieu du second siècle sous l'Empire d'Adrien. Il disputa contre les Chrétiens, qui ne purent jamais le convaincre: & ce fut leur plus dangereux ennemi par le tour fin & l'air de mépris qu'il donnoit à ses objections. Voyez comme il s'exprime sur

(a) Not. sur le Tr. de la Rel. Chr. d'Addis.
(b) Espr. des Loix, l. 24. ch. X.

le voyage de Jésus-Christ en Egypte. (a) „ Jésus ayant été élevé obscuré-
„ ment, il s'alla loüer en Egypte où
„ ayant appris quelques secrets, il s'en
„ retourna en Judée, & s'y proclama
„ lui-même Dieu." Ailleurs il représente un Juif s'adressant à Jésus & lui reprochant qu'il étoit né d'une femme sans nom, vagabonde & chassée par son mari pour avoir été surprise en adultere; à quoi il ajoute que pressé par la pauvreté, il s'étoit retiré en Egypte, où il avoit puisé dans l'art magique ce pouvoir miraculeux & cette présomption qui lui avoit fait prendre dans la suite en Judée le titre de Dieu. „ *à vi-*
„ *ro expulsam (mulierem) & ignominiosè*
„ *vagabundam edidisse Jesum partu clan-*
„ *culario, quodque is præ inopiâ merce-*
„ *de servire coactus in Ægypto, & ibi*
„ *efficaces quasdam artes doctus, quibus*
„ *sibi placent Ægyptii, reversus sit tantâ*
„ *potentiâ tumidus, propter quam pro deo*
„ *haberi postulaverit* (b)."

Les Juifs témoins, dit-on, des merveilles du Christ n'en furent pas pour cela plus pénétrés de respect pour sa per-

(a) Traduct. d'Elie Bouhereau.
(b) Arnobe a conservé ce passage.

fonne. Ils ne lui donnoient d'autre nom que celui de חלוי, c'eſt-à-dire, *pendu à une croix.*

PORPHYRE, qu'un zélé Chrétien qui ne manquoit pas d'eſprit appelle le plus habile des philoſophes (a), loin de regarder Jéſus-Chriſt comme un Dieu, n'en avoit d'autre idée que celle qu'on ſe forme d'un ennemi juré des Dieux. Il prétend que les progrès de ſa pernicieuſe doctrine ont rompu le commerce qu'il y avoit auparavant entre le Ciel & la Terre, & que depuis qu'on l'adoroit, les hommes n'avoient plus reſſenti des marques publiques de la protection des Dieux. C'eſt d'Euſèbe que nous tenons ce ſentiment. (b) *Poſteà enim quàm Jeſus colitur nihil utilitatis à Diis conſequi poſſumus; neque mirum, ſi tam multis annis peſte civitas vexatur, quùm Æſculapius & alii Dii longè abſint ab eâ.*

A peine la Religion Chrétienne parut dans le monde qu'elle ſe vit aſſaillie de tout le mépris dont on avoit accablé ſon auteur. Pline le jeune, qui vivoit dans le ſiècle même de Jéſus-Chriſt, & qui étoit doué du plus excellent génie, ne
la

(a) S. Aug. De civit. Dei.
(b) Euſèbe præpar. Evang. l. 5. c. 1.

la regardoit que comme une folle superstition. Cet homme Consulaire, Augure, Gouverneur de la Bithynie & du Pont, Ministre d'un Prince la bonté-même, ami particulier de Tacite & de Suétone, tous deux historiens illustres, s'exprime ainsi dans une de ses Lettres à Trajan. ,, J'ai jugé, *dit-il*, qu'il étoit
,, nécessaire d'arracher la vérité d'un se-
,, cret de cette nature par la force des
,, tourmens à deux filles esclaves qu'ils
,, (les Chrétiens) disoient être au fait
,, du mystere de leur culte ; mais je n'y
,, ai decouvert qu'une mauvaise supers-
,, tition poussée à l'excès". (a)

TACITE traitoit la Religion Chrétienne d'*exitialis superstitio* (b) ; & Suétone appelloit les Chrétiens, *genus hominum superstitionis novæ ac maleficæ* (c). Ce dernier historien nous apprend que l'Empereur Claude chassa de Rome tous les Juifs qui ne cessoient de remuer par l'impulsion de Jésus-Christ. *Judæos impulsore Christo assiduè tumultuantes Româ expulit* (d).

HYÉROCLÈS, philosophe célebre,

(a) Lib. 10. Lett. 97. Traduct. de Sacy.
(b) Annal. 15.
(c) Vit. Neronis.
(d) Sueton. in Claud. C. XXV.

qui vécut au commencement du 4e. siècle sous l'Empereur Dioclétien, s'opposa de tout son pouvoir à l'extension du Christianisme. Il composa un ouvrage sous le titre de *Philaletès* ou *Philalhetès* dans lequel il compare les prétendues merveilles de Jésus-Christ aux miracles d'Apollonius de Thyanes. La partie étoit égale entre lui & les Chrétiens. Il leur citoit pour preuves de la vérité des prodiges de son Héros, Philostrate, Damis & Maxime qui les avoient recueillis: les Chrétiens rapportoient en témoignages les relations des faits du Christ; & l'homme le plus sensé eût été bien empêché à décider qui avoit droit, vû les préjugés qui régnoient alors par rapport à tout ce qu'on appelle prodiges.

Les Chrétiens qui ne sont pas délicats dans le choix des preuves de leur opinion, ont prétendu que ce que les anciens dont je viens de parler ont dit contre eux, tournoit à leur profit. Comparer les miracles de Jésus-Christ avec ceux d'Apollonius, c'est, disent-ils, en avouer la réalité. Point du tout. Car 1°. les anciens Philosophes n'ajoutoient pas une foi aveugle aux miracles de leur secte. Ils les préconisoient en public; mais nous voyons par les ouvrages qui nous restent d'eux, qu'ils s'en moquoient dans le particulier.

2°. La réjection des miracles du Christ ou leur admission de la part des Payens ne prouve encore absolument rien. Si l'on abhorroit les Chrétiens dans leur origine, ce n'étoit pas tant par rapport aux mensonges qu'ils débitoient, qu'à cause de l'intolérance qui faisoit le principal caractere de leur secte. Les Payens n'eussent pas mieux demandé que d'ajouter Jésus-Christ à leur mythologie, quoiqu'il eût fini ses jours par un supplice infamant, si ses sectateurs eussent été plus sociables. Pour concilier les esprits, nous voyons même des Payens célebres convenir que Jésus avoit opéré des prodiges, ainsi que les Dieux révérés alors. ,, Ce que je vais ajouter, dit ,, Porphyre, va peut-être sembler bien ,, surprenant; c'est que les Dieux mê- ,, mes ont prononcé dans leurs oracles ,, que le Christ a été un homme très- ,, religieux. Ils déclarent qu'il est de- ,, venu immortel & en parlent avec les ,, plus grands éloges." (a) *Et plus bas:* ,, La Déesse Hécate, pressée de dire ,, si le Christ étoit Dieu, répondit que

(a) Aug. de Civit, l. 19. c. 22.

„ c'étoit un homme d'une grande pié-
„ té, & que son ame avoit été récom-
„ pensée par une immortalité bien-heu-
„ reuse (a)."

On voit briller dans ces passages tous les traits de la plus fine politique. C'étoit donner les mains à l'alliance du Christianisme avec les Religions qui subsistoient alors, sans cependant rien avancer dont le premier puisse se faire honneur. Ce n'étoit dire rien de trop en effet, que de hazarder la preuve sortie de la bouche d'un Oracle, qu'on eût pu désavouer aussi facilement qu'on l'alléguoit ; & l'immortalité bien-heureuse que Porphyre fait accorder ici au Christ par Hécate ne sçauroit être d'aucune conséquence dans une Religion où l'on déifioit souvent les plus fameux sçélérats.

Qu'il me soit permis de faire une réflexion sur le témoignage rendu à la Divinité du Christ par les Oracles payens. De deux choses l'une, ou ces Oracles étoient l'ouvrage du Diable, ou c'étoient des Prêtres imposteurs qui les rendoient

1°. Si les Oracles étoient rendus par

(a) Porphire. apud. Euseb. Demonst. Evang. sub fin. l. 3. c. 6.

des Prêtres imposteurs, ils ne prouvent absolument rien en faveur de qui que ce soit: car avec de l'argent & Payens & Chrétiens leur auront fait dire tout ce qu'ils auront souhaité conformément à leurs intérêts divers.

2°. Si les Oracles étoient rendus par le Diable, ils ont agi librement ou forcément dans leurs réponses. Il n'y a pas d'apparence & il est impossible même qu'ils ayent de plein gré fait l'éloge du Christ leur antagoniste, les Chrétiens en conviennent. S'ils ont agi forcément, leur aveu a dû être formel, ou Dieu n'est pas tout-puissant. Or il n'y a rien de formel, rien de positif dans l'aveu d'Hécate. Il s'agissoit de manifester aux hommes la Divinité du Christ; Hécate dit seulement qu'il est un homme pieux, & que son ame est récompensée d'une immortalité bien-heureuse. Il falloit faire prononcer la Déesse de cette sorte: Jésus-Christ qui est né en Judée, & que vous avez fait pendre, est vraiment le fils de Dieu, le Verbe du Pere, engendré de toute éternité: à présent qu'il a quitté la terre, il jouit dans le Ciel à la droite de son Pere de son immortelle & éternelle félicité. Ceux qui croiront en lui, qui l'adoreront, partageront après leur mort son bonheur; ceux qui n'y croiront pas, & qui le mépriseront, auront l'enfer pour partage. Un semblable prononcé supposé dans la bouche du Diable, amenoit tous les hommes à Dieu. La Déesse Hécate en parle comme d'un homme; on ne veut pas l'adorer, & l'on fait très-bien.

Tout ce qu'on peut conclure des aveux du Paganisme en faveur du Christianisme, c'est que le premier vouloit s'incorporer au second. Nous ne nions pas vos miracles, disoit-on aux Chrétiens; votre Législateur est un Dieu, passe encore; mais nous avons aussi nos Dieux & nos prodiges, & nous voulons les conserver. Avouez nos histoires Religieuses, nous croirons les vôtres. Si les Chrétiens eussent saisi la circonstance, le Temple de Jérusalem, le Capitole & l'Eglise de Jésus-Christ ne formeroient aujourd'hui qu'une seule & même Sion où chacun adoreroit Dieu à sa mode. L'occurence étoit d'autant plus favorable que la nouvelle Religion admettant la pluralité des Dieux par son systême sur la Trinité, & autorisant le culte des Manes par ses sanctifications, & encore l'idolâtrie par sa vénération pour les images, étoit toute propre à moyenner les différends qui naissoient du pur Déisme des Juifs & du Polythéisme des Payens. Mais les Chrétiens sortis pour la plupart des Juifs, avoient retenu de leurs Peres un caractere outré d'intolérance; ils ne persécuterent pas d'abord le Paganisme; ils étoient trop foibles: ils le décrierent seulement. Le Paganisme avoit la force de son côté; il fit tout ce qu'il put pour détruire un ennemi dont les vues ne s'étendoient à rien moins qu'à le détruire lui-même.

La splendeur dans laquelle étoit le Paganisme au temps de Jésus-Christ & de ses Apôtres, les forces que lui prêtoient les Souverains idolâtres; l'état d'obscurité au contraire, où sembloit être condamné le Christianisme & le dénuement de tout secours dans lequel il se trouva dans son enfance, tout cela donne un air de miracle à l'établissement de la Religion Chrétienne & à ses progrès. Poussez un Chrétien à bout sur tous les dogmes qui fondent sa croyance, il se retranche bien vîte sur le merveilleux aggrandissement de sa Religion, qu'une poignée d'hommes sans nom, sans état, sans talens, uniquement inſtruits par un autre homme qui n'affecta jamais nulle connoiſſance des ſciences, ont rendu la plus conſidérable de toutes les ſectes qui ſont ſur la terre. Examinons un peu ce miracle.

Lorsque Jéſus-Chriſt parut au monde, la nation Juive, & ſur-tout le peuple de cette nation étoit dans une détreſſe extrême. Les malheurs avoient réveillé dans l'eſprit de la populace l'attente d'un Meſſie-Libérateur. Jéſus-Chriſt dit qu'il eſt cet homme extraordinaire ; quelques-uns le croyent, & avec d'autant plus de fondement, qu'il s'étoit répandu divers bruits ſur la maniere dont Marie ſa mere l'avoit conçu, & ſur l'impuiſſance de Joſeph. Ce Jéſus avoit été en Egypte, & ſans qu'on puiſſe dire de lui qu'il étoit un Sçavant, on ne ſçauroit nier qu'il ne ſçût quelques-uns de ces ſecrets dont la ſource étoit parmi les Egyptiens. Il ſçavoit aſſez de Médecine, ou de Magie, ſi vous voulez, & étoit aſſez verſé dans quelques opinions religieuſes & myſtiques, pour en impoſer à des ignorans, à des Juifs miſérables qui pourvû qu'on leur donnât à manger & qu'on les guérît de quelque infirmité, étoient prêts d'affirmer ce qu'on exigeoit d'eux. C'eſt ainsi que Jésus s'y prit pour s'attacher ces douze malôtrus qu'on nomme Apôtres. Dans l'Evangile nous voyons continuellement les Apôtres s'inquiéter de ce qu'ils mangeront & Jésus-Christ s'occuper à trouver des maisons où l'on les reçoive. Quelques petits prodiges suffirent chez un peuple superstitieux, pour se faire ouvrir plus d'une porte. Bientôt Jésus-Christ se vit entouré d'un certain nombre de Disciples attirés par ce qu'en disoient ses premiers compagnons, & plus encore par le plaisir de la bonne chere. C'est alors, mais trop tard, que le Magistrat Judaïque essaya de rompre une société qui pouvoit nuire au corps de la nation.

Les Juifs esclaves des Romains n'avoient plus le droit du glaive, c'étoit à l'Empereur ou à ses représentans qu'il falloit qu'ils recourussent dans tous les cas majeurs. La Synagogue usée de vétusté, sans crédit dans l'Empire, n'avoit pas droit d'attendre une prompte justice des Romains, & n'osoit se la faire. Ainsi les choses traînerent en longueur; & avant la détention du Christ, on eut le temps de multiplier les prosélytes, & de pourvoir à tout en cas d'événement. Il ne manquoit aux nouveaux sectaires qu'un chef intelligent. La Synagogue, ayant mécontenté Saul, lui en fournit un. Cet homme, connu sous le nom de Paul, contribua d'autant plus à la ruine de son ancienne Religion, qu'il en sçavoit tous les secrets, & qu'il étoit piqué. On ignore s'il a vû ou non Jésus-Christ ; mais cela importe peu. Dès que celui-ci fut mort en exécution de l'arrêt prononcé contre lui, il prit en main le timon des affaires. Ses Lettres adressées à divers peuples & à différens particuliers décelent son caractere. C'étoit un homme fin qui avoit l'art d'embrouiller parfaitement les choses, quand il se voyoit poussé. Son premier soin fut d'établir pour principe que les hommes étoient tous freres, il avoit raison ; que les biens étoient communs, il avoit tort : un tel principe ne peut faire que des paresseux ; & le vice est d'ordinaire attaché à la paresse. Ses prédications, ses exhortations formerent des prosélytes qui suivant le sentiment de leur Docteur vécurent en communauté de biens. Quelques gens riches y entrerent, soit par conviction, soit par amour pour la nouveauté ; & bientôt la petite cabale se vit *possesserice* d'un trésor formé du bien des confreres & du revenu des aumônes. Bientôt il suffit d'être Chrétien pour pouvoir voyager en divers pays sans argent : & cet agrément qu'on ne trouvoit que dans la nouvelle secte y attira beaucoup de personnes qui sans doute n'avoient rien de mieux à faire.

Un autre motif porta bien des gens à s'y enrôler. Quand on baptisoit quelqu'un, la cérémonie se faisoit en présence des confreres, & l'on déshabilloit le récipiendaire de la tête aux pieds. Cette petite immodestie donna au Christianisme plus d'un jeune homme & d'une jeune fille. Les assemblées d'ailleurs étoient un excellent prétexte pour quiconque avoit une intrigue amoureuse : elles se faisoient de nuit, & le plus souvent dans des lieux très-retirés.

Une preuve que beaucoup de personnes n'entroient dans le Christianisme que par pure curiosité, ou par intérêt ; c'est que du nombre qu'on en recevoit, il s'en retiroit une grande partie, après que leur curiosité étoit satisfaite, ou lorsque le bien de leurs affaires l'exigeoit. Ces Apostats retournoient au Paganisme, & soit qu'il se passât dans les assemblées des Chrétiens quelque chose de révoltant ou non, ils deve-

noient souvent leurs délateurs. „ Tous
„ ces gens-là, dit Pline en parlant de
„ ces Chrétiens, (a) ont adoré vos ima-
„ ges avec celles des Dieux, & ils ont
„ chargé le Christ d'imprécations."

Quelques pertes que fissent les Chrétiens par les Apostasies, le nombre s'augmentoit. Les Payens haïssoient mortellement les Juifs: Saint Paul qui avoit la conversion de la Gentilité dans son district, ne manquoit nulle occasion de leur dire du mal de cette secte ennemie, & n'oublioit pas surtout de mettre en opposition la charité compatissante des Chrétiens, avec la sordide avarice des Juifs. Aux promesses il joignit les effets, & les fonds de la caisse Chrétienne servoient chaque jour à faire des infideles au Paganisme.

Le Magistrat idolâtre ne dut sévir que tard contre la nouvelle Religion. Un Dieu de plus ou de moins dans l'Empyrée n'étoit pas une affaire inquiétante pour des gens qui en adoroient des centaines. Ce ne fut pas même à leur opinion qu'on en voulut d'abord: on n'exigeoit autre chose, sinon qu'ils levassent le mystere, qu'ils s'assemblassent publiquement, & qu'ils

(a) Lib. 10. Lett. 97. Trad. du P. Colonia.

ne cabalassent point contre le Paganisme qui étoit la Religion dominante. Les Chrétiens ne voulurent entendre à aucun accommodement : on les chargea.

La persévérance de quelques-uns d'entre eux dans les plus cruels tourmens n'a rien de singulier. Elle a pû être produite chez les uns par le fanatique espoir des récompenses à venir qu'on leur avoit promises en les initiant ; chez les autres elle a pû être le fruit d'un amour-propre mal entendu.

Dans ceux-là, la conviction, non de la vérité de la Religion Chrétienne, mais de la fausseté du Paganisme, a pu les porter à endurer le martyre. Mais le plus grand nombre de ceux qui ont souffert, étoient ou des gens qui suivant le principe de Jésus-Christ avoient tout vendu, tout donné, pour embrasser sa Religion, ou des misérables sans ressource, à qui la vie, une fois sortis du Christianisme, auroit été à charge.

Comme les Payens n'en vouloient pas tant à la croyance des nouveaux sectaires qu'à leurs crimes personnels, la Justice dut trouver beaucoup d'occasions d'exercer ses rigueurs dans un parti formé de la lie des divers peuples. En effet, le nombre de ceux qu'on nomme Martyrs, s'il n'a pas été auſſi grand que le diſent aujourd'hui les Chrétiens, n'a pas laiſſé que d'être conſidérable. Mais je voudrois bien qu'on nous prouvât que tous ont péri pour leur croyance. Il eſt conſtant, par ce que l'hiſtoire nous apprend des perſécutions qu'eſſuya le Chriſtianiſme, que le plus grand nombre de ceux qui furent ſuppliciés, étoient des ſéditieux, des voleurs, des gens coupables de rapt, & convaincus d'avoir enlevé plus d'une femme à ſon mari.

Il n'y a pas d'apparence que le deſir de ſatisfaire de vives paſſions, fût la cauſe de ces rapts & de ces enlevemens : L'hiſtoire ne le donne pas même à entendre : un motif Religieux faiſoit agir les Chrétiens ; mais le prétexte le plus ſacré ne ſçauroit autoriſer un fils à diſpoſer de ce qui appartient à ſon pere, un Etranger à priver un pere de ſes enfans ni un mari de ſa femme : autrement tout l'ordre civil ſeroit bientôt renverſé.

Au reſte, quel que fût le motif de la perſécution qu'on fit éprouver aux Chrétiens, elle contribua à leur accroissement. Lorsqu'ils perdoient quelques sujets par le fer ou le feu, ils motivoient sa mort sur sa croyance, & non sur ses actions, qui demeuroient ensévelies avec lui. Dans le temps de la plus grande crise, les Chrétiens eurent recours à l'ancien secret pour en imposer aux peuples & justifier l'innocence de leurs freres pendus ou brûlés. Ils supposerent des miracles, opérés par les défunts; & les gens du peuple, amis du merveilleux, crurent qu'ils mouroient pour la bonne cause.

Heureusement pour les Chrétiens ceux des Empereurs qui les persécuterent avec le plus d'acharnement étoient des monstres de nature, tels que Néron &c. aussi haïs des peuples qu'ils gouvernoient, que des Chrétiens qu'ils poursuivoient. La férocité, l'avarice, l'infamie de quelques-uns de ces Princes servirent mieux les Chrétiens que tous leurs miracles & leurs sermons. Ils prêchoient l'égalité, la fraternité entre les hommes; on étoit accablé par des Tyrans; tout concouroit à grossir leur parti.

Plus on alloit en avant, & plus les affaires de l'Empire Romain s'embrouilloient. Il étoit continuellement travaillé par des factions, qui fous le prétexte fpécieux de l'amour de la liberté, ruïnoient imperceptiblement & le pouvoir du peuple, & l'autorité du Souverain. Dans quelque Etat que ce foit, le peuple compofe le corps le plus nombreux & le plus utile aux deffeins du Prince, & auffi celui dont il peut reftraindre ou étendre les refforts le plus facilement, parce que ce font les apparences qui le décident, & qu'il eft toujours prêt à facrifier l'avenir le plus heureux pour jouir du préfent. Les Princes qui fuccéderent aux Empereurs qui avoient perfécuté le plus violemment les Chrétiens, prirent le parti de s'attacher cette fecte déja nombreufe, dans le deffein de s'en fervir pour écrafer les factions qui s'oppofoient à leur pouvoir. La partie étoit belle pour eux. Non feulement leur converfion leur affuroit tout le nouveau parti, mais encore le plus grand nombre de ceux qui jufques-là avoient rejetté le Chriftianifme, parce qu'encore trop foible pour fe faire craindre, l'Eglife n'avoit montré que de la douceur & de la modération, & prêchoit fans ceffe des vertus dont elle avoit befoin qu'on ufât à fon égard.

Dès

Dès que les Empereurs eurent embraſſé la Religion Chrétienne, elle compta bientôt parmi ſes ſujets des hommes éminens en place, en dignité : c'eſt toujours la Religion du Prince qui l'emporte : mais juſques à cette époque, elle ne peut gueres nommer que des gens obſcurs, ſi l'on en excepte ceux qu'elle acquit pour de l'argent ou des places.

Il ſuffit de lire l'hiſtoire, pour ſe desabuſer de l'opinion qui regarde comme un miracle l'établiſſement & les progrès du Chriſtianiſme. Si les miracles de ſon auteur & de ſes Diſciples ou de leurs Succeſſeurs ont dû faire quelque effet ſur l'eſprit des hommes, ç'a dû être plutôt lorſqu'ils s'opéroient, ou lorſque la mémoire en étoit encore récente, que deux ſiècles après. Cet intervalle n'a point apporté de changement dans la conſtitution des hommes : il en a pû mettre ſeulement dans la maniere dont on leur a préſenté les faits propoſés à leur croyance, ou dans les circonſtances qui les ont portés à croire. Pour l'honneur du Chriſtianiſme il falloit que quelques-uns de ces hommes qui ont illuſtré ſon premier & ſon ſecond ſiècle, ſe fuſſent convertis. La Treille ſentoit bien de quel poids eût été leur suffrage lorsqu'il s'écrie dans l'un de ses Sermons. ,, Jamais on ne ,, vit de siècle plus éclairé ni plus ,, poli que celui dans lequel Jésus-Christ ,, vint au monde, si la Providence eût ,, voulu ménager à l'Evangile des triom- ,, phes plus glorieux (a).''

Oui, si les hommes illustres, qui ont vécû dans ce siècle, eussent embrassé le Christianisme, c'eût été de la part de la Providence ménager au Christianisme de glorieux triomphes : mais malheureusement pour cette secte le fanatisme n'avoit point d'empire sur ces génies à jamais célebres. Peut-on avec quelque justesse supposer que la vérité n'avoit aucun pouvoir sur tous ces écrivains immortels que vit fleurir le siècle d'Auguste, & le suivant ? Les Chrétiens eux-mêmes les comblent de louanges, exaltent leur discernement lorsqu'ils trouvent dans leurs ouvrages un ou deux mots qui semblent les favoriser. Qu'on ne dise point que l'austérité de la morale Chrétienne les força à rejetter la nouvelle Religion. Les loix du Paganisme par rapport à ce qu'on appelle la probité, l'inviolabilité des

(a) Serm. de la Treilie, t. 1. Serm. 12 p. 458.

sermens, l'obligation de secourir les malheureux, de consoler les affligés, étoient pour le moins aussi formelles que le code Evangélique. La pudeur, la modestie, la sobriété, la douceur, la bonté étoient recommandées aux hommes bien avant le Messie. Les hommes que je vais nommer, n'avoient besoin pour soumettre leur croyance que d'un fonds de religion qui fût vrai : la morale, qui n'est que l'accessoire d'un culte, ne pouvoit les retenir : ils la pratiquoient déja.

CORNEILLE TACITE, homme Consulaire, dont nous avons en bonne partie l'histoire & les annales; Pline le jeune, dont les Epitres & le Panégyrique, mais sur-tout le cœur & les sentimens, sont encore les délices du meilleur goût; Plutarque, historien, philosophe, & pour ainsi dire universel; Frontin qui écrivit sur les stratagêmes de la guerre, & sur d'autres matieres sçavantes; Quinte-Curce dont il est malaisé de fixer l'époque, mais qui probablement étoit du second siècle.

Sous l'Empire d'Adrien nous voyons Phlégon, Mathématicien célebre; Favorinus, bon Sophiste; & Epictete, philosophe Stoïcien dont la morale est aussi pure, & plus raisonnable que celle du Christ; Arrian, son admirateur, & lui-même historien estimé par les sept livres qu'il nous a laissés sur l'expédition d'Alexandre, & par son Périple; Philon de Biblos, traducteur de Sanchoniaton; Florus, abréviateur de l'histoire Romaine : enfin Suétone qui a écrit si judicieusement celle des douze Césars.

Sous Antonin-Pie, fleurissent Galien, Médecin fameux; Justin, abréviateur de Troque-Pompée; Appien, historien estimé par le peu qui nous reste de ses ouvrages; Diogène-Laërce, duquel nous ne connoissons que dix-huit livres contenant la vie des Philosophes.

Sous M. Antonin & L. Verus, paroissent Ptolomée, fameux astronome & géographe; Sextus-Empyricus, de la secte des Pyrrhoniens; Numenius, Philosophe Platonicien; Apulée, que sa pénétration fit accuser de magie; Pausanias qui écrivit dix livres de l'antiquité de la Grece; Aulu-Gelle, auteur célebre des Nuits Attiques.

Enfin sous Commode, Julius Pollux nous a donné l'Onomasticon, & Athénée a écrit 15. livres des Déipnosophistes. J'omets dans cette notice une multitude de Jurisconsultes, d'Orateurs, de

Rhéteurs, qui n'ont pas moins servi à orner & à éclairer leurs siècles que les auteurs que je viens de citer.

Or c'étoient de tels hommes qu'il falloit convertir; après cela on eût facilement prouvé que l'établissement de la Religion Chrétienne étoit miraculeux; car, vû l'extravagance de ses dogmes, on n'auroit pas été recevable à nier la vérité du fait historique, si des gens de la classe de ceux dont je viens de parler, l'eussent acceptée.

De tout ce que je vous ai dit dans mes Lettres, qu'en devez-vous conclure ? L'ordinaire prochain vous en instruira.

LETTRE XV.

CONCLUSION.

Les faits qui pourroient servir de fondement à la Religion Chrétienne, j'entends les historiques & les dogmatiques, n'étant pas susceptibles de démonstration, le seul procédé des Chrétiens pour roit nous servir de prétexte légitime pour arguer de faux toutes leurs allégations. C'est, comme nous l'avons dit, à l'époque même des prodiges, que les prodiges ont dû frapper le plus; cependant ils n'affecterent pas également tous les hommes; plusieurs ne se contenterent pas d'en douter, ils les taxerent de fausseté. Des hommes d'un excellent génie ne craignirent point d'attaquer de front & le Messie & sa Religion dès qu'ils en eurent connoissance. Or je demande aux Chrétiens, si ces auteurs, qu'ils ne qualifient peut-être d'impies que parce qu'ils n'étoient pas trop crédules, avoient ou non démontré la fausseté des choses qu'ils avançoient pour le soutien & le progrès du Christianisme. Ils ne manqueront pas de me répondre que les écrits d'un Celse, d'un Porphyre, d'un Julien, d'un Hyéroclès &c. n'étoient qu'un tissu d'absurdités, où la jalousie, la malignité, le mensonge & le fanatisme brilloient à l'envi. On en peut juger, ajouteront-ils, par les fragmens qui nous en restent, & par la supériorité des réponses que nos Peres y ont faites.

Je me garderai bien de supposer que

tous les ouvrages des anciens contre la Religion Chrétienne fussent autant de syllogismes convaincans.

Mais 1°. qui m'assurera qu'ils n'étoient pas de ce genre? 2°. Qu'ils n'étoient qu'un tissu d'absurdités? J'ai une preuve bien forte que les écrits de Celse, de Porphyre, & de Jamblique, entr'autres, étoient une démonstration de la fausseté de la Religion Chrétienne: c'est le soin qu'ont pris les Chrétiens de les supprimer. Mais, dira-t-on, il est vrai que nous avons tout fait pour retirer des mains du public ces ouvrages d'impiété qui ne pouvoient servir qu'à scandaliser les fideles, nous en convenons. Cependant nos adversaires n'y perdent rien; car nous avons pris soin de leur conserver les plus fortes objections.

Ici je vous arrête, Chrétiens. Ce ne peut être la crainte de scandaliser les fideles, qui vous a portés à supprimer les ouvrages dont nous parlons, ou vous avez menti en disant que vous en avez transmis les plus considérables objections: car c'eût été au contraire leur présenter le plus subtil poison.

Au reste, qui me garantira que ce

qui nous reste de ces écrits, est ce qu'ils contenoient de plus fort ? Il n'arrive pas ordinairement qu'un accusé produise des pièces qui le chargent.

Mais de quelque nature que fussent les titres de vos ennemis, au moins est-il vrai que vous les avez supprimés. Votre cause, ainsi que la leur, n'étoit point jugée tant que l'Univers entier n'adhéroit pas à vos opinions : la protestation d'un seul homme suffisoit même pour la laisser indécise ; & par votre procédé vous l'avez rendue interminable aux yeux de tout juge impartial. Heureux même s'ils ne vous condamne pas. Car enfin ou ces titres parloient en votre faveur, ou ils vous étoient contraires. S'ils vous étoient favorables, vous ne les auriez pas supprimés : ils faisoient pour vous abondance de droit ; mais vous vous en êtes rendus maîtres par la force, vous les avez supprimés, vous n'en avez conservé que quelques fragmens qui prouvent qu'ils ont existé, & que vous les avez eus en main : donc ils faisoient preuve contre vous ; donc leur représentation démontreroit votre mauvais droit.

Les Chrétiens, après l'aveu qu'ils

font du soin qu'ils ont pris de supprimer les ouvrages de leurs adversaires, n'ont-ils pas bonne grace de réclamer les registres perdus, disent-ils, à leur grand dommage ? ,, Entre les registres ,, perdus qui étoient d'un grand se- ,, cours aux premiers Chrétiens, nous ,, regrettons seulement la Lettre écrite ,, à Tibere, celle de Marc-Aurele, ,, les écrits d'Hégésippe, les véritables ,, Oracles des Sybilles, que l'on dis- ,, tinguoit sans peine des frauduleux, & ,, & les registres des Eglises particu- ,, lieres &c."

Je crois que les ouvrages des Philosophes & des Sçavans dont je viens de parler, vaudroient beaucoup mieux aux incrédules, que les *véritables oracles des Sybilles* ne serviroient aux Chrétiens.

Or, à cet argument invincible contre les Chrétiens, se joint la conséquence fatale qu'on peut tirer 1°. de l'idée qu'on peut se former de la Religion Chrétienne & de son Instituteur, qui ne sont marqués d'aucun caractere de divinité.

2°. De la démonstration de la fausseté des seuls traits (avancés par les Chrétiens) qui nous pouvoient convaincre de la divinité de sa mission.

3°. De la certitude où nous sommes de l'imbécille crédulité des Juifs qui sont les Peres des Chrétiens.

4°. Du peu de ressemblance qu'on apperçoit entre J. C. & le Messie promis dans les Ecritures.

5°. De la contradiction qu'il y auroit à le supposer fils de Dieu, vû qu'il n'est point dans l'ordre des décrets divins.

6°. De ce qu'une Religion divine n'eût jamais erré.

7°. De ce que la Religion Chrétienne, comme les autres, a non seulement erré, mais encore conduit les hommes à l'erreur.

8°. De ce qu'elle affirme comme vraies, pour les avoir apprises de Dieu, des choses démontrées fausses, telles que l'existence des Démons &c.

9°. De ce que les ouvrages qui la fondent sortent de la main d'hommes imposteurs.

Et enfin de ce qu'en ont pensé ceux qu'elle prétend avoir été les témoins, ou du moins les contemporains des merveilles opérées par son Législateur & ses Apôtres, ou Disciples.

FIN du Tome Premier.

TABLE DES LETTRES

DU TOME PREMIER.

LETTRE I. *Introduction.*   Pag. 1

LETTRE II. *Idée de la Religion Chrétienne & de son Instituteur.*   19

LETTRE III. *Mission de Jésus-Christ.* 42

LETTRE IV. *Suite de la Mission de Jésus-Christ.*   61

LETTRE V. *Sur le même sujet.*   72

LETTRE VI. *Idée du peuple Juif d'où sont sortis les Chrétiens.*   83

LETTRE VII. *Jésus-Christ n'a point de ressemblance avec le Messie promis aux Hébreux*   93

TABLE DES LETTRES.

Lettre VIII. *Jésus-Christ n'est point fils de Dieu; son avénement est contraire à l'ordre des décrets divins.* 106

Lettre IX. *Anecdotes qui ne font point honneur au Christianisme.* 117

Lettre X. *Des sources de l'erreur.* 133

Lettre XI. *Sur le même sujet.* 144

Lettre XII. *Origine des Démons.* 155

Lettre XIII. *Les Evangélistes sont des imposteurs.* 175

Lettre XIV. *De ce qu'ont pensé les Anciens de la Religion & de son établissement.* 198

Lettre XV. *Conclusion.* 225

LETTRES

À
SOPHIE.

LETTRES
À
SOPHIE.

Contenant un examen des fondemens de la Religion Chrétienne, & diverses objections contre l'immortalité de l'ame.

SECONDE PARTIES.

_____

_____

À LONDRES.

Dix-huitieme Siècle.

LETTRES À SOPHIE.

LETTRE XVI.

Du poids des autorités

UNE des preuves les plus frappantes de la divinité du Christianisme, se tire de la longue durée de son régne, & de la presqu'universalité dont il jouissoit avant que le Mahométisme eût enseigné aux hommes à devenir saints par l'usage des plaisirs. Ce témoignage parle d'autant plus haut en faveur de la Religion du Christ, que ses dogmes & sa morale sont contradictoirement opposés aux loix de la nature, que chaque Etre intelligent porte dans son cœur, & qu'on ne peut adopter ceux-là, ni mettre celle-ci en pratique, sans résister violemment à cet instinct qui nous entraîne sans cesse vers le bien-être, tandis que la Religion fait tous ses efforts pour nous en éloigner.

Cette preuve, je vous l'avoue, Sophie, m'a arrêté d'abord; l'impression qu'elle fit sur moi fut si vive, que je faillis à me repentir de ma démarche, dès les premiers pas que je fis dans la voye de l'examen. Ce premier obstacle surmonté, il s'en présenta un autre qui n'étoit pas moins formidable : je veux parler de cette multitude innombrable de voix qui se réunissent en faveur de la Religion Chrétienne. Là c'est une foule d'hommes instruits, éclairés, qui reçoivent à genoux le joug qu'elle leur impose. Ici des milliers de martyrs attestent par l'effusion de leur sang, qu'on gagne tout en perdant tout pour elle. Ailleurs enfin des nations entieres, des peuples philosophes même, sur la simple prédication de l'Evangile, abjurent leurs erreurs; & foulant aux pieds les vanités mondaines feront consister désormais & toute leur sagesse & toute leur gloire à porter la croix de Jésus-Christ.

Pour n'être pas ébloui de ces témoignages brillans, qu'un espace de près de dix-huit siècles a considérablement fortifiés, il ne suffit pas d'avoir beaucoup d'esprit & de penser fortement ; il faut encore connoître à fond l'histoire de l'origine & des progrès de la Religion ; s'être rendu certain de l'époque & des circonstances où ses principaux dogmes ont pris naissance ; des raisons qui ont porté à en multiplier le nombre : Il faut encore, par la voye des discussions historiques, s'appliquer à fixer la date de la multitude des points de discipline qui forment le code énorme des loix ecclésiastiques, approfondir & peser les motifs qui y ont donné lieu.

Dès qu'on a parcouru cette carriere, les choses prennent une nouvelle face. La Religion ressemble à ces filles qui sur nos théâtres captivent le cœur & l'esprit du spectateur par la noblesse de leurs gestes, par les graces de leurs expressions, & surtout par les charmes séduisans de leur figure, & la galante richesse de leurs ajustemens. Otez-leur tout ce qui ne leur appartient point ; que reste-t-il ? Souvent la plus méprisable de toutes les Créatures.

Ainsi lorsqu'aidés du flambeau d'une critique judicieuse, nous franchissons l'intervalle immense du temps qui s'est écoulé depuis l'établissement du Christianisme jusqu'à nous, pour fixer les diverses époques, & placer les événemens dans le rang qui leur appartient; pour approfondir les motifs & peser les circonstances qui les ont fait naître, ce voile obscur de Divinité dans lequel s'étoit enveloppée la Religion, se déchire en lambeaux. Tout le merveilleux s'éclypse dès-lors. Ces Apôtres qu'on nous vantoit comme des hommes inspirés, sont des ignorans & des stupides, qui mettent Dieu à chaque instant en contradiction avec lui-même. Ils ont, dit-on, établi par-tout l'Evangile : Longtemps après leur mort le nom Chrétien est inconnu à presque toute la terre. Les progrès du Christianisme qu'on nous fait valoir comme divins, sont l'ouvrage d'un scélérat effrayé des peines du Ténare; le sang de tant de Martyrs, l'yvresse du fanatisme, qui en leur fermant les yeux sur le danger des maximes qui altéroient la tranquilité des sociétés, les a seule conduits sur l'échaffaut. Enfin, cette multitude de grands hommes, de Philosophes mêmes, ces nations entieres converties à la foi, quelle autorité plus forte pour vous subjuguer ? Oui, je conviens qu'avant l'examen cette preuve étoit d'un grand poids : mais j'ai examiné, & je me suis assuré que des conversions que vous m'alléguez, les unes ont pour principe l'intérêt, les autres l'amour du repos, & le plus grand nombre la violence.

PARVENU à détruire le phantôme divinisé de la Religion, & à me démontrer que ce système si beau, si flateur & si propre même, malgré sa rigidité apparente, à entretenir le crime & le vice par la facilité qu'il donne de l'expier, n'est qu'une folle hypothèse, dont les soutiens fantastiques se dérobent à la vue dès qu'on les considere de près; parvenu, dis-je, à me convaincre que la Religion Chrétienne n'est qu'un tissu mal assorti de cette foule d'opinions religieuses, & extravagantes pour la plupart, dont le monde a été infecté dans tous les siècles, il me reste encore bien du chemin à faire avant que de parvenir à un état de parfaite sécurité. Car, je vous l'ai dit ailleurs, Sophie, la démonstration de la fausseté de la Religion n'entraîne point après soi celle de l'opinion qui admet la spiritualité & l'immortalité de notre ame, & l'existence d'un Etre suprême. Il y a plus; les Chrétiens ne sont point les inventeurs de ce système; il étoit en vigueur longtemps avant eux. Il est même certain que pour déterminer l'époque de ce sentiment, qui fait honneur à notre espece, il faudroit remonter à celle des peines & des récompenses futures, dont nous trouvons des vestiges dans la plus haute antiquité.

Mais que nous importe de sçavoir quel siècle a vû naître l'opinion qui fait notre ame immortelle & spirituelle ? Il nous suffit d'être certains que nous tenons ce dogme de nos Peres, qui étoient Chrétiens, qui nous ont trompés, après avoir été eux-mêmes les dupes de leur aveugle crédulité en matiere de Religion. Un fait dont nous sommes assurés encore, c'est qu'ils tenoient le dogme de l'ame immortelle de leurs Ayeux, qui avoient erré dans le culte au point d'adorer les reptiles & les oignons, pour procurer à leur ame cette félicité future dont ils étoient infatués.

Voilà donc une chaîne d'hommes d'une étendue immense, qui n'a fait tout au plus que varier sa superstition par rapport au culte. Les Chrétiens ont parfaitement bien démontré que tous les systêmes Religieux qui avoient régné avant le leur, excepté le Judaïsme, étoient construits en dépit de la raison & du sens commun, & que loin d'honorer la Divinité, ils ne servoient qu'à accroître l'empire du Diable. La Religion Juive, la seule que les Chrétiens exceptent, ne proposoit à ses sectateurs que des peines & des récompenses temporelles. Dieu qui avoit parlé si souvent à Moyse, & aux Patriarches, ne leur avoit point appris qu'ils fussent animés par une ame spirituelle & immortelle; & l'on ne conçoit pas trop pourquoi il cacha ce dogme à son Peuple chéri, & qu'il le révéla à des Payens qui prodiguoient leur encens au Diable, son mortel ennemi.

Les Chrétiens, dont les opinions ne pouvoient se soutenir qu'à l'aide de l'immortalité & de la spiritualité de l'ame, crurent voir ce dogme établi clairement chez les Hébreux. Mais ils se trompèrent lourdement, & prirent le sentiment des Juifs de leur temps, qui avoient, par le commerce & par leur captivité, embrassé les opinions Egyptiennes, & Grecques, pour le sentiment du Législateur du peuple de Dieu. Avec un peu plus d'attention, ils auroient compris que ce qu'on appelle l'opinion d'un peuple, ne sont pas les idées de quelques particuliers de ce peuple, qui se sont corrompus par le commerce avec les Etrangers; mais le sentiment où étoit ce peuple primitivement, & dans le temps où sa Législation étoit encore dans sa force & dans sa pureté originelle.

Il demeure constamment prouvé que les Chrétiens tiennent le dogme de la spiritualité & de l'immortalité de l'ame des Payens; c'est-à-dire, d'une source qui, de leur aveu, est très-suspecte d'erreur. Pour donner à ce dogme l'autenticité convenable à son espece, il falloit que les Chrétiens, qui ont eû tant de révélations sur des objets indifférens, en eussent une particuliere par rapport à la nature de l'ame. Qu'en eût-il coûté de plus à Jésus-Christ, qui a pris la peine de révéler à ses Apôtres que son pere étoit plus grand que lui, & que cependant il étoit égal à son pere; que la génération qui vivoit de son temps ne passeroit point, sans que ce qu'il avoit prédit eût son accomplissement, & que ce monde ne subsisteroit que mille ans & plus; que lui en eût-il coûté de plus, dis-je, de leur apprendre qu'ils avoient une ame spirituelle, & comme celle immortelle; de leur indiquer sa nature essentielle, sa forme, si elle en a une, ses facultés, son siége, la maniere dont elle agit, & celle dont les objets corporels agissent sur elle ? Il s'est tû sur tous ces points: on peut en conclure qu'il les ignoroit.

En remontant aux temps connus les plus reculés, nous ne trouvons d'autres garans de la spiritualité & de l'immortalité de notre ame, que des peuples plongés dans la plus grossiere idolâtrie, des hommes assez stupides pour croire qu'un animal, qu'une pierre informe étoit l'Etre suprême, auteur de la nature. La différence qui regne entre la premiere cause, s'il en est une, & le dernier des effets, tel qu'on peut considérer une pierre brute, est plus considérable que celle qui se trouve entre les propriétés d'une matiere informe & une autre matiere épurée & portée à la perfection dont elle est susceptible. Ainsi il est très-possible que les hommes n'ayant pû expliquer comment de la matiere, telle qu'elle soit, pensoit & donnoit du mouvement au corps qui la renfermoit, se soient avisés, pour trancher les difficultés, de supposer une substance spirituelle, intelligente, douée d'une force mouvante, & capable de se répresenter les sujets, leurs propriétés; de les diviser ou les unir à son gré; de juger de leurs qualités bonnes ou mauvaises; & de disposer, en conséquence de son jugement, le corps qu'elle anime à s'approcher ou à fuir selon que son bien-être l'exige.

Je ne pense pas cependant que l'ignorance où étoient & où seront toujours les hommes, sur les causes de leur existence & sur les moyens par lesquels ils subsistent, ait pû seule donner lieu à l'opinion de l'ame immortelle: elle a pû disposer les esprits à recevoir ce dogme; & la politique a sans doute profité de cette disposition pour l'établir. Mais quelle que soit l'origine de cette opinion, la question est de sçavoir si elle est fondée: je crains qu'en l'examinant nous ne la trouvions toute aussi chimérique que les cultes qu'elle a autorisés: & dans les siècles mêmes où elle paroît avoir été le plus universellement reçue, il s'est trouvé plus d'un homme qui l'a regardée comme une vaine hypothèse, inventée pour retenir les peuples dans le devoir.

LETTTRE XVII.

Conjectures sur l'origine du dogme de l'immortalité de l'ame.

RIEN n'étoit plus essentiel à l'homme que de sçavoir à quoi s'en tenir sur la nature de cet Etre qui pense & agit en lui: cependant, ma chere Sophie, ni le Dieu des Juifs, ni celui des Chrétiens, ni les Dieux du Paganisme n'ont daigné l'en instruire. Comment donc a-t-il pû se trouver dans l'antiquité la plus reculée des nations entieres prévenues de ce sentiment? Est-ce que l'ame immortelle se seroit elle-même révélée au corps matériel qu'elle animoit? ou bien, le corps matériel l'auroit-il apperçue? L'ame n'a pû être reconnue immortelle par l'un ou l'autre de ces moyens. Car 1°. de quoi auroit servi à l'ame de se révéler au corps, si elle ne lui eût indiqué en même temps la conduite qu'il devoit tenir pour rendre son immortalité bienheureuse? Une telle révélation n'eût été qu'un nouveau fardeau ajouté à ceux dont les humains étoient déjà accablés.

Cependant l'histoire semble nous insinuer que c'est chez les Egyptiens que le dogme de l'immortalité de l'ame prit naissance : mais en même temps elle nous montre que cette nation fut dans tous les temps connus la plus superstitieuse & la plus crédule qui fût au monde. Les Mages & les autres Philosophes d'Egypte étoient bien loin, j'en conviens, d'ajouter foi à tout ce détail de prestiges que le peuple regardoit comme divins, leur condescendance se prêta à laisser croire ce qu'ils rejettoient absolument : mais aussi ces Mages & ces Philosophes n'admettoient point l'immortalité de l'ame. Leurs Dynasties en sont la preuve : mais comme plusieurs sectes rejettent ces Dynasties comme fabuleuses, j'en appelle à un témoignage que les Chrétiens ne peuvent récuser, & qui même peut faire foi contre tous les partisans de l'immortalité du soufle qui nous anime. Moyse, élevé dans la Religion Egyptienne, instruit du secret des Mages, & initié dans tous les mysteres du culte de la nation, ignoroit que son ame fût immortelle. Il est impossible de supposer dans un homme aussi éclairé que l'étoit le Législateur des Hébreux, qu'il ignorât invinciblement l'opinion où étoient certains Egyptiens par rapport à l'immortalité de l'ame ; mais on peut conclure très-certainement que s'il n'a pas introduit ce dogme chez les Hébreux, c'est qu'il le croyoit une invention purement humaine, une hypothèse sans fondement dont sans doute les Sages avec lesquels il avoit vécû lui avoient démontré la vanité & la frivolité.

En effet, Sophie, quel législateur a eû plus besoin que Moyse d'inculquer aux peuples qu'il régissoit, le dogme qui suppose l'ame immortelle ? Moyse sans secours, sans appui, se place à la tête d'une multitude d'Hébreux qu'il veut mener, il ne sçait où. Pour retenir ce peuple indocile, il le flatté par tous les endroits sensibles ; il lui déclare qu'il est le peuple de Dieu, que tant qu'il sera fidele aux loix de cet Etre suprême, il recevra des marques de sa protection singuliere ; mais il borne les bienfaits qu'il promet, au présent : jamais il ne dit un mot des récompenses futures. Il ignoroit donc qu'il y eût quelque chose dans l'homme qui survéquît à l'homme ; il ne sçavoit donc pas que l'ame étoit immortelle : s'il l'eût sçû, auroit-il manqué de faire valoir une opinion qui, flatant l'ambition humaine, étoit si propre à seconder ses vues, politiques & religieuses?

2°. Le second moyen qui suppose que l'ame auroit été apperçue par le corps matériel, est encore moins efficace pour opérer une telle découverte : car la matiere ne sçauroit agir que sur la matiere, & connoître est une action. D'ailleurs pour que le corps matériel eût pu connoître l'ame immortelle (c'est-à-dire immatérielle comme nous le verrons) il auroit fallu qu'il fît, quoique matiere, toutes les opérations de la substance spirituelle. Pour parvenir à cette connoissance il aura fallu d'abord que le corps matériel se représente l'image ou le phantôme du sujet spirituel qu'il vouloit connoître, à l'aide de l'imagination. Toute image de l'imagination est corporelle ou a sa matrice & son étalon dans la corporéité, en tout ou en partie; & nous ne pouvons nous représenter, par le secours de l'idée feinte même, que des images dont le modele a été apperçu de nous, soit dans un, soit dans plusieurs Etres matériels. Il aura donc fallu dans cette premiere opération que le corps matériel exclue du phantôme formé dans son imagination, tout ce qu'il pouvoit y avoir de corporel, pour n'appliquer plus sa perception que sur le mode ou la substance spirituelle qui lui restoit en image. Pour y parvenir il aura sans doute agi comme les Géometres qui considerent des points sans largeur, des lignes sans étendue, &c.; mais il n'est pas au bout de son travail.

Je suppose le phantôme spirituel existant dans l'imagination du corps matériel. Pour s'assurer de sa présence, & encore de sa qualité, il faudra qu'il le compare à des objets sensibles connus, qu'il en examine les propriétés, les relations, & que sur-tout il se rende certain que le phantôme n'a aucune identification avec les objets matériels auxquels il le compare ; car s'il s'en trouvoit il seroit matériel comme le sujet comparatif. Et déjà voilà le corps matériel doué de perceptions & de jugement.

Je passe par dessus la difficulté qui se trouve dans ce second acte du corps matériel, & qui consiste dans l'impossibilité reconnue de parvenir à la connoissance des substances spirituelles, par la comparaison qu'on en fait avec les corps matériels sensibles, pour en venir au troisieme acte du corps qui est supposé avoir apperçu son ame, ou la substance spirituelle qui l'anime.

Ce trosieme acte consiste dans la conclusion que le corps matériel tirera des deux premiers. Il a apperçu une image, il a jugé le sujet de cette image être absolument différent de tous les sujets corporels sensibles que jusques-là il avoit apperçus ; aidé du raisonnement il en conclut que la substance du sujet apperçu est spirituelle, ou immortelle, ce qui revient au même.

Mais dans cette hypothèse, où l'on suppose l'ame être apperçue par le corps matériel, ne voit-on pas clairement que le miracle de l'ame immortelle est un hors-d'œuvre ? Si le corps, qui n'est que matiere, a la faculté d'appercevoir les objets insensibles, de s'en former une image, à l'aide de son imagination, s'il est doué du pouvoir de juger des qualités des objets qu'il se représente ainsi ; enfin s'il est en état de conclure de sa perception & du jugement qu'il a porté sur cette perception, que la substance dont il a apperçu l'image est de telle ou telle nature, de quoi lui peut servir le meuble étranger d'une ame dont les opérations les plus relevées ne surpassent pas celles qu'il fait sans son secours ?

Il

IL est facile d'appercevoir que je ne fais qu'ébaucher ces deux opinions sur la maniere dont l'ame immortelle a été découverte. Les absurdités dont elles fourmillent, si je voulois les réfuter en détail, rempliroient des volumes entiers.

CEPENDANT je crois, Sophie, en avoir assez dit, pour démontrer que les hommes n'ont pu apprendre le secret de l'immortalité de l'ame, ni par la révélation qu'elle leur auroit faite elle-même du mystere de sa substance, ni par la découverte qu'ils en auroient faite, en tendant leur attention sur cet objet important.

D'où leur a pû venir un secret de cette nature ? En quel siècle a-t-il été dévoilé ? Quels mortels fortunés ont apperçu les premiers ce phénomene singulier ? La fixation de ces époques est un autre secret, que la plus sçavante Chronologie ne sçauroit pénétrer. Les seuls guides que nous ayons pour nous conduire dans cette recherche ténébreuse, sont les conjectures ; mais ces conjectures, si elles sont fondées, nous tiendront lieu de preuves.

POUR fixer l'origine du dogme de l'ame immortelle, en vain l'on recourroit à l'histoire ; elle n'enseigne rien de certain sur cette époque : mais les usages religieux établis chez les peuples (que nous pouvons nommer primitifs, parce que nous n'en connoissons point d'une plus haute antiquité) quoiqu'altérés & corrompus chez leurs descendans, seront la baze sur laquelle nous établirons nos conjectures.

Pour procéder, avec quelque méthode, dans la recherche de l'époque que nous desirons trouver, parlons du temps même où nous sommes, & remontons jusqu'à ces siècles antiques, au delà desquels tout est obscurité, mais qui nous ont conservé de précieux vestiges des siècles qui les ont précédés dans la chaîne immense, & peut être éternelle, des temps.

1°. Les livres Religieux des Chrétiens n'indiquent aucune époque de la naissance du dogme de l'ame immortelle. Jésus-Christ, & ses Disciples, qui étoient ainsi que lui peu versés dans l'histoire ancienne, ont regardé cette opinion comme préétablie. Ils débitèrent constamment leurs maximes & leur morale, en supposant toujours ce qui étoit en question ; c'est-à-dire que l'ame étoit immortelle. Il falloit bien qu'ils eussent recours à cette supposition, car de quel front auroient-ils osé annoncer à des hommes persuadés que tout périt en eux lors de la mort, qu'il faut renoncer aux plaisirs & sacrifier sa vie même, pour se procurer une éternité de délices ? Leur ignorance les porta à en agir ainsi ; &, comme je l'ai déjà dit, ils prirent le sentiment des Juifs de leur temps, pour celui de tous les Juifs qui avoient existé depuis Adam.

Le Christ n'avoit aucune notion de l'immortalité de l'ame, & parloit souvent même comme un matérialiste ; comme lorsqu'il menace les pécheurs d'être jettés pieds & poings liés dans l'abîme. A-t-on jamais lié les pieds & les poings d'une ame ? Ailleurs parlant de la fuite du scandale, *si votre bras*, dit-il, *vous est un sujet de scandale, coupez-le, & le jettez loin de vous ; car*, ajoute-t-il, *il vaut mieux entrer dans le Royaume de Dieu avec un bras de moins, que d'être précipité tout entier dans l'enfer.*

Cependant Jésus-Christ admettoit l'éternité des peines : mais, dans ce que nous venons de rapporter de lui, ne voit-on pas qu'il supposoit que le corps matériel en seroit le sujet : sentiment qui se rapporte à celui de l'éternité de la matiere.

Plus je considere attentivement Jésus-Christ & ses Apôtres, plus je m'assure que c'étoient des gens qui n'avoient aucune notion de n'importe quelle branche de la Philosophie. Par-tout on les voit confondre l'opinion de l'immortalité de l'ame avec celle de l'éternité de la matiere, & celle de sa spiritualité avec le sentiment qui la suppose seulement un esprit, c'est-à-dire, une portion de matiere subtilisée : & leurs disputes contre les Saducéens, qui nioient la Résurrection des corps, font assez voir qu'ils ignoroient absolument le langage de la Philosophie.

Les Saducéens étoient parmi les Juifs, ce que les esprits-forts sont aujourd'hui parmi nous. Ils attaquoient Jésus-Christ & ses Apôtres jusques dans des places publiques ; & sans s'amuser à disserter sur ce qu'il pouvoit y avoir de bon & de mauvais dans les maximes nouvelles qu'on leur prêchoit, ils alterquoient de prime-abord sur la question de la vie future. Ils nioient la vie future, c'étoit nier l'immortalité de l'ame : & quels argumens employe Jésus-Christ pour les convaincre de cette grande & importante vérité! „*Vous êtes dans l'erreur*, leur „dit-il, (a) *ne comprenant pas les Ecri-* „*tures ni la puissance de Dieu, car dans* „*la résurrection les hommes n'auront point* „*de femmes, ni les femmes de maris; mais* „*ils seront comme les Anges de Dieu dans* „*le Ciel*". Que d'absurdités dans cette instruction! 1°. Il est de principe qu'on ne peut conclure contre un adversaire, sans qu'il soit convenu des prémisses. Or les Saducéens rejettoient l'existence des esprits de toute espece, Anges, Démons &c. Donc leur dire que les hommes après la résurrection seroient semblables aux Anges, c'étoit ne leur rien dire. Il eût fallu, pour employer avec succès cette comparaison, commencer par leur expliquer la nature des Anges; & les forcer par la démonstration d'en convenir. J. C. donna dans une pétition de principe en parlant de la sorte.

2°. Jésus-Christ reproche ici aux Saducéens qu'ils ne comprennent pas les Ecritures: mais les Ecritures, c'est-à-dire, les livres de Moyse faits par ordre de Dieu pour être à jamais la régle immuable de la croyance des Hébreux; les Ecritures, dis-je, ne con-

(a) Matth. 22. 29. 30.

tiennent pas un seul passage en faveur de la résurrection, & par conséquent de l'immortalité de l'ame. Cela est si vrai que, lorsque les Pharisiens (Secte formée en général du peuple & de la lie du peuple même) voulurent entrer en lice avec les Saducéens sur l'opinion de la résurrection, ils ne purent les convaincre par aucun passage de leurs Ecritures, & furent réduits à supposer que ce dogme avoit été révélé à Moyse verbalement, & sans ordre de le mettre par écrit; mais que c'étoit une tradition constante qui leur avoit été transmise par leurs Peres.

Avant les captivités diverses que la nation Juive éprouva, elle étoit toute Saducéenne: à son retour elle fut partagée. La raison de cela, c'est que ceux des Juifs qui pensoient sainement, demeurerent inviolablement attachés à leur système primitif, & ne se corrompirent point par le commerce des Etrangers. Le nombre n'en fut pas considérable. Au contraire, le rebut de la nation toujours avide de nouveautés, fit un mélange monstrueux des opinions de leurs vainqueurs, avec celles qui lui étoient propres.

Il n'est pas difficile de placer l'époque de l'introduction du dogme de l'immortalité de l'ame chez les Juifs. Leurs loix sacrées portoient qu'ils seroient heureux tant qu'ils seroient fideles à Dieu. Ils ne l'avoient jamais tant été que depuis leur retour de la captivité de Babylone : cependant chaque jour vit fondre quelque nouveau malheur sur cette nation depuis ce temps jusqu'à celui où elle fut rayée du nombre des nations : la vue de leur état jointe au fatras d'opinions sur les esprits & sur l'ame, dont ils s'étoient embarrassé la tête par le commerce des Etrangers & sur-tout des Grecs, leur fit conclure que le bonheur promis à leur fidélité n'étoit point de ce monde; mais qu'il étoit une vie future où sans doute la récompense due à leur vertu les attendoit.

Les Juifs étoient trop peu éclairés pour appercevoir que la cause de leurs malheurs étoit le vice de leur loi. En leur commandant de haïr tout l'univers, elle provoquoit l'univers à s'armer contre eux pour les détruire.

Suivons le fil que les Juifs nous fournissent. C'est surtout depuis leur commerce avec les Grecs Pythagoriciens & Platoniciens qu'ils ont admis le dogme de l'ame immortelle. Ce dogme cependant n'a point pris naissance chez les Grecs. Lorsque Platon écrivit en sa faveur ses Dialogues confus, les raisonnemens de ce philosophe ne parurent nouveaux qu'à ceux qui ignoroient la doctrine de Pythagore. Mais dans quelle circonstance Pythagore dogmatisa-t-il sur l'immortalité de l'ame ? Ce fut au retour de ses voyages. D'ailleurs cette opinion n'étoit ni celle des Grecs en général ni celle des Philosophes de cette nation. Sophocle, Euripide & Aristophane en parloient dans leurs pièces comme d'une fable pieusement imaginée par des dévots stupides, & jamais le magistrat ni le peuple ne sévit contre eux pour raison de ce blasphême.

Nous ne nous arrêterons point à chercher l'origine de l'immortalité de l'ame chez les Romains, parce que ce peuple jaloux d'accroître sa gloire par les conquêtes, & d'ailleurs ami de l'union, adoptoit toutes les opinions religieuses des nations qu'il subjuguoit.

Si nous en croyons Hérodote, le sentiment qui fait l'ame immortelle étoit chez les Thraces de la plus haute antiquité. Cependant ce n'est point chez ce peuple qu'il en faut chercher l'origine. Nous ignorons, il est vrai, quelles étoient ses institutions dans les temps primitifs : mais il y a toute apparence que l'opinion de l'ame immortelle n'en faisoit point partie, puisqu'au rapport de ce même Hérodote, de Pomponius-Mela & de Solin, les Thraces la reçurent de leur premier Législateur connu. Or ce premier Législateur connu étoit Zalmoxis, contemporain &, selon quelques-uns, Disciple de Pythagore. Mais Zalmoxis étoit sans doute déjà parvenu à un âge avancé lorsqu'il donna des loix aux Thraces. 1°. Il étoit l'aîné de Pythagore : il avoit 2°. été son Disciple, & le noviciat étoit long dans cette Ecole. 3°. Ce n'a dû être qu'après les voyages avec son maître qu'il est devenu Législateur. Or ce n'est de même qu'au retour de ses voyages que Pythagore a débité le dogme de l'immortalité de l'ame : donc Zalmoxis ainsi que Pythagore avoient appris ce dogme des nations étrangeres qu'ils avoient fréquentées.

Parmi les peuples que Pythagore visita dans ses voyages, les plus célebres sont les Perses, les Chaldéens & les Egyptiens.

Il n'y a pas d'apparence qu'il ait appris le dogme dont nous recherchons l'origine chez les Perses. Les loix religieuses de ce peuple, à en juger par les vestiges qui nous sont parvenus, ne contenoient que des préceptes relatifs à la société civile & au bonheur de cette société, & paroissent toutes fondées sur la nature du climat. Zoroastre, le plus ancien Législateur des Perses que nous connoissions, n'a été que le Restaurateur d'une Religion antique, dont les usages étoient corrompus de son temps, qui se rapporte à celui de Darius fils d'Histapes. Il fut contraint de respecter les préjugés des peuples de ces contrées, qui avoient tourné en cérémonies religieuses une multitude de points de leurs loix civiles: Mais, ni dans ces usages primitifs corrompus, ni dans les articles que Zoroastre ajouta aux loix antérieures des Perses, on ne sçauroit appercevoir un seul mot qui se rapporte à l'ame immortelle.

Si l'on joint au silence des loix Persiennes sur le dogme de l'immortalité de l'ame, l'opinion où étoient les Perses par rapport à la Divinité, on demeurera parfaitement convaincu qu'ils ne connoissoient d'autre substance que la matiere. Mythra étoit leur Dieu: or ce

Mythra n'est autre que le soleil qui, comme on sçait, est un corps matériel. De là leurs loix supposent que l'homme ne sçauroit pécher en suivant l'instinct de la nature; parce que, disent ces loix, il est impossible que la Divinité donne des préceptes différens de ceux que la nature inspire. Cette conséquence étoit d'autant plus plausible que le Dieu Persan étoit essentiellement matiere, & que faisant partie de la nature, il eût été contradictoire de lui faire imposer des loix surnaturelles.

Vous voyez, Sophie, qu'il seroit inutile de s'arrêter à chercher plus longtemps l'origine du dogme de l'immortalité de l'ame chez les Perses. Pour s'assurer qu'il n'a pu prendre naissance chez eux, il suffit de sçavoir la nature du Dieu qu'ils adoroient. La durée permanente de l'astre qui nous éclaire a pu les porter à croire la matiere éternelle; mais ce sentiment n'a rien de commun avec l'immortalité de l'ame au sens où nous l'entendons.

La recherche que nous ferons de ce dogme chez les Chaldéens, n'aura pas je crois une plus heureuse réussite. Les Chaldéens modernes croyent que les hommes pouvoient avoir commerce avec les Dieux, & il nous reste encore de nombreux fragmens des diverses méthodes qu'ils ont publiées pour enseigner aux humains à lier ce commerce.

Les Constitutions, soit civiles, soit religieuses, des Chaldéens modernes, ne sont, du sentiment de tous les Sçavans, qu'un ramas confus de divers points de Constitutions plus anciennes. Les unes & les autres sont fondées sur l'astrologie. Or il est impossible que de telles loix comportent le dogme de l'immortalité de l'ame. Dans un système fondé sur l'astrologie, tout est contraint, tout est nécessité, comme le cours des astres, dont l'influence est supposée la force motrice qui régit les actions. De la nécessité des actions résulte l'anéantissement non seulement de l'opinion des châtimens & des récompenses temporelles & spirituelles, mais encore toute espece de culte. Les Mages de Chaldée ne furent pas longtemps sans s'appercevoir du contraste qui régnoit entre leurs principes & les conséquences qu'ils en tiroient. De là le soin qu'ils prirent dans la suite de cacher à tous les prophanes les livres qui contenoient leurs loix primitives : & quant à ce qui en avoit déjà transpiré de leur temps, ils eurent recours à l'allégorie pour faire perdre de vue le sens naturel. Par ce moyen ils éviterent l'allégation simple qu'on pouvoit leur faire en ces termes : si toutes nos actions sont forcées, de quoi nous servent un culte & des loix ? C'eût bien été encore une autre absurdité, si quelqu'un se fût avisé de prêcher aux Chaldéens le dogme de l'ame immortelle, & spirituelle par conséquent. De quelle utilité nous peut être ce soufle divin renfermé au dedans de nous, auroient-ils dit, s'il ne peut résister aux influences des astres qui nous gouvernent à leur gré, & dont l'impression est l'arbitre souverain de nos inclinations bonnes ou mauvaises ?

Il est temps, Sophie, de finir cette Lettre; aussi bien ne pouroit-elle contenir toutes nos conjectures sur l'époque que nous cherchons : nous les épuiserons dans celle qui suivra la présente; au moins, je le présume.

LETTRE XVIII.

Suite du même Sujet.

Tout ce que nous pouvons découvrir dans l'histoire des anciens Egyptiens, c'est qu'ils ont été le premier peuple policé du monde connu. Manès fut leur Législateur; mais les loix qu'il leur laissa étoient écrites en caracteres inintelligibles; en sorte que quelques siècles après lui un de ses descendans se vit obligé de les transcrire d'une maniere plus facile à entendre. Son ouvrage n'eut pas un meilleur sort que celui de son prédécesseur. A peine quelques siècles furent écoulés qu'on se vit dans la même impossibilité de l'interpréter. Cela vient de l'usage où étoient les Egyptiens d'employer l'hyérogliphe, au lieu de lettres qui eussent une signification déterminée. Tout étoit parabolique dans le genre d'écrire des Egyptiens: Un tel animal, ou telle partie du corps, posée dans telle ou telle attitude, exprimoit certaine passion, certain penchant : c'étoit l'emblême d'un vice, d'une vertu &c.

Dans la suite, les Egyptiens ayant varié leur superstition, il arriva que l'animal, objet antique de leur vénération, devint celui de leur haine & de leurs mépris. Cette variété défigura la plus grande partie de leurs symboles primitifs, & fut la cause de l'ignorance où l'intervalle de quelques siècles les plongea, par rapport à leurs hyérogliphes.

De l'étude approfondie de l'histoire des Egyptiens & de celle des Grecs, il résulte que ceux-là connurent le dogme de l'immortalité de l'ame bien avant ceux-ci, qui n'en furent imbus qu'au retour des voyages de Pythagore en Egypte.

Mais rien ne nous assure que les Egyptiens furent les inventeurs de ce dogme. De telle antiquité que soient les loix de Manès, dont Sanchoniathon & Manéthon nous ont conservé quelques fragmens, nous sommes convaincus qu'elles n'ont point été les loix originales de la nation Egyptienne. Manès ne fut à l'égard de ces peuples que le compilateur, l'abréviateur, & l'interprete des loix primitives que des espaces immenses de temps avoient altérées & corrompues : il n'étoit que le Restaurateur de la Religion d'Osiris au delà duquel nous ne trouvons qu'obscurité. Manès indiqua aux Egyptiens la maniere de vivre pour se rendre agréable aux Dieux ; & ces préceptes supposent l'ame immortelle sans donner aucune preuve de son existence. Cependant ces préceptes ne parurent point nouveaux aux Egyptiens : on en peut conclure qu'ils avoient, antérieurement à Manès, des notions de l'ame immortelle. Si les Egyptiens ont connu le dogme de l'ame immortelle avant Manès, ils le tenoient d'Osiris qui, de leur aveu, est le plus ancien de tous leurs Rois & leur premier Législateur. Mais quel étoit cet Osiris ? Rien qu'un simple mortel dont les Annales Egyptiennes avoient conservé le nom, l'origine, la mort, ainsi que le nombre d'enfans qu'il avoit eus. Or nous avons vu qu'il est impossible de supposer qu'un homme, c'est-à-dire, une portion de matiere modifiée, pût appercevoir la substance immortelle, & spirituelle par conséquent ; & qu'on ne pouvoit pas admettre avec plus de vraisemblance que l'ame se fût révélée elle-même à notre nature corporelle.

Nous

Nous avons remarqué aussi que l'opinion de l'ame immortelle n'avoit point été celle des Sages & des Sçavans de l'Egypte ; puisque Moyse élevé parmi eux n'en étoit point instruit.

Il me semble, ma chere Sophie, que nous serons réduits à considérer le dogme de l'ame immortelle comme une opinion introduite chez les Egyptiens à raison de certaines circonstances, & qui n'ayant affecté d'abord que quelques particuliers de cette nation, s'est enfin répandue & a gagné presque universellement tous les corps de l'Etat, excepté les Prêtres. Mais cette époque étant trop incertaine pour que nous puissions nous y fixer, cherchons ailleurs des éclaircissemens que toutes les nations dont nous venons de parler ne sçauroient nous fournir. Les Indiens peuvent passer pour le plus ancien des peuples : consultons-les.

Les livres qui contenoient l'ancienne Religion des Indiens, étoient des ouvrages écrits d'un stile obscur & entortillé, & remplis d'une multitude d'expressions figurées. Ils les communiquoient difficilement aux gens-mêmes de la nation qui n'étoient point initiés dans leurs mysteres, & un très-petit nombre d'étrangers ont obtenu la permission de jetter les yeux dessus.

Cependant, après une longue succession de temps, nous sommes parvenus à nous assurer du contenu en ces livres sacrés. On y trouve deux sortes de dogmes : les uns d'institution philosophique, & les autres purement civils. Malgré la maniere confuse dont les auteurs de ces livres s'expriment, on voit clairement que leur opinion favorite étoit la matérialité. Ils reconnoissoient une Divinité; mais ils n'admettoient aucune différence entre elle & la masse générale de l'univers. Nos ames, c'est-à-dire, ce qui nous donne le mouvement, n'étoient, selon ces philosophes, autre chose que des parties ou modifications de la Divinité : mot par lequel ils entendoient la nature, puisqu'ils ne distinguoient point la substance de celle-ci, de la substance de la premiere. En conséquence de ces principes de matérialité, les Indiens soutenoient que les ames & les corps en prenant ou perdant, l'être sensible ne faisoient que prendre de nouvelles formes & passer d'un état à un autre. Ils ajoutoient, toujours conséquemment à leurs principes, que la fituation de ces divers états dépendoit d'une certaine fatalité qui avoit attaché le malheur au vice, & le bonheur à la vertu.

Dans ce système, où les actions sont nécessitées, un culte quel qu'il soit est une chose inutile. Tous les efforts de l'homme ne sçauroient altérer ni changer un cours d'actions déterminées de toute éternité dans les décrets immuables du Destin.

Cependant, Sophie, les Indiens avoient un culte, & même un culte conséquent & raisonnable, si l'on en excepte un grand nombre d'usages civils, tournés en cérémonies religieuses dans la suite des temps & qui forment cette seconde classe de dogmes dont je viens de vous parler.

Les Indiens n'admettoient qu'une substance unique dans la nature, & par conséquent supposoient la matiere animée, mouvante, agissante, pensante, réfléchissante, &c.

Leur propre individu, qu'ils regardoient comme faisant partie de la masse générale, avoit toutes ces propriétés, & par l'*à-fortiori* ils concluoient très-sagement que le tout ne pouvoit être privé des facultés admirables qu'on voyoit briller dans ces parties. Ne croyez pas, ma chere Sophie, que les Indiens fuſſent aſſez ſtupides pour faire d'une pierre ou d'un métal l'objet de leur vénération : non, ils étoient trop convaincus qu'une partie de matiere modifiée & finie ne pouvoit être le moteur de la vaſte machine du monde qui frappoit leurs yeux. Mais voyant que par le ſeul ſecours de l'art on ſpiritualiſoit des parties brutes de la matiere preſque juſqu'au point de l'inſenſibilité, ils en conclurent qu'il y avoit une matiere ſubtile, un Eſprit, en un mot un Agent plus délié, plus fin (& inviſible par conſéquent) qui exiſtoit dans la nature. Et c'eſt à cet Eſprit, qu'ils appelloient la Divinité, qu'ils rendoient un culte fondé uniquement ſur la reconnoiſſance, & non ſur l'eſpoir mercénaire des récompenſes, comme ont fait tant de peuples.

Si des peuples ont exiſté avant ceux dont je viens de vous retracer les opinions, leur hiſtoire nous manque ; mais le raiſonnement va y ſuppléer. Eclairés par ſon flambeau, ſi nous ne déterminons pas l'époque du dogme de l'ame immortelle, nous prouverons au moins qu'elle eſt indéterminable. Nous ignorerons quel siècle a vû naître une opinion si singuliere, mais nous serons instruits des causes qui l'ont produite.

En m'appliquant à la recherche des causes qui ont produit l'opinion de l'immortalité de l'ame, je suis parvenu, ce me semble, à m'en démontrer & le nombre & la nature. Les malheurs du monde sont la premiere. La Physique, qui le croiroit ! cette science qui de nos jours a tant contribué à nous convaincre que nous ne sommes que matiere ; la Physique, dans les temps qui nous ont précédés, n'a servi qu'à égarer nos peres, & les a portés à se croire composés en partie d'une substance distincte de la matiere ; & je vais vous prouver dans un moment qu'on peut la considérer comme la seconde cause qui a pu produire le dogme singulier dont nous cherchons l'origine.

Enfin la Politique est la troisieme cause. Peut-être ne considérerons-nous pas celle-ci comme une cause productrice immédiate, mais comme un puissant véhicule qui fortifia cette opinion obscure & ténébreuse dans l'esprit des hommes, que des ambitieux vouloient s'asservir.

Quelle que soit la source de la croyance de l'ame immortelle, on peut dire à l'honneur de cette hypothèfe, qu'elle étoit de toutes les fictions la plus propre au bonheur du genre humain en général, & à la félicité des particuliers qui le compofent. On ne peut qu'applaudir à ceux qui s'en font fervis pour conduire les hommes vers le bien pour lequel il femble qu'ils font nés; mais quel fentiment doit-on avoir pour les monstres qui ont abufé de ce préjugé pour nous interdire l'ufage de nos paffions naturelles, & nous rendre les efclaves de leur infatiable cupidité? Mais paffons à l'examen de nos trois caufes.

1°. Vous avez dû remarquer, Sophie, en étudiant les différens fyftêmes qui établiffent l'éternité du monde, que leurs auteurs ne croyoient point la nature inaltérable, & incapable de changer de forme & de figure à certains égards. En effet il y a eu des temps déplorables où l'harmonie de l'univers a été totalement troublée. Les Elémens, fans fe confondre abfolument, font fortis de leur fphere, & leur poids énorme a plus d'une fois fait perdre à la Terre fon équilibre, fans lequel elle ne peut fubfifter. Dans ces affreufes circonftances le globe que nous habitons n'offrit aux yeux des malheureux mortels que le spectacle effrayant de mille fléaux successifs. Ceux qui vivoient dans ces temps reculés, errant au gré des calamités qui les poursuivoient, eurent tout lieu de se croire l'objet de la haine d'une nature irritée. Dans la multitude des maux qui les accabloient, le plus horrible de tous étoit sans doute l'absence du soleil. Des corps opaques d'une étendue immense se détachent avec effort de leurs masses prodigieuses : la distance de leur éloignement donne à leur chute rapide une apparence de lenteur, à notre égard ; avant que de causer à notre planete ces secousses qui l'ont brisée en mille & mille endroits divers, par l'affaissement des colomnes d'air qui les soutiennent ; placés entre la Terre & l'Astre qui l'éclaire, ils la plongent dans les ténebres. La privation du jour a je ne sçai quoi d'affreux qui inspire la terreur : mais quel effet devoit-elle faire sur des hommes instruits que l'obscurité n'étoit que l'annonce de maux plus grands encore ?

Dès que l'harmonie fut rendue à la nature, il est à présumer que les hommes qui survéquirent aux premiers malheurs, chercherent à se mettre à l'abri d'en essuyer de nouveaux. Les agens de leur destruction étoient trop puissans pour qu'il leur vînt dans l'idée de se garantir par les secours de l'art. La nature ne leur offroit point de refuge contre les persécutions de la nature même. A qui donc recourir ? Trop sages pour imaginer une premiere cause, indépendante de la Nature, ils ne se forgerent point une Divinité : ils se contenterent de considérer d'un œil attentif ce qui pouvoit tenir le premier rang dans l'ordre des Etres naturels. Leur attention se fixa sur le Soleil, & tout sembla leur dire : voilà le Pere de la Nature. Ils remarquerent que c'étoit le Soleil qui fécondoit tout ce qui a vie, sentiment ou végétation ; que rien ne se reproduit, s'il ne reçoit l'action de ses rayons créateurs ; que tout ce qui en est privé, languit, desseche & meurt. Il devint l'objet de leur vénération.

Le culte du Soleil est de tous les cultes le plus ancien ; & les mémoriaux les plus anciens ne font que nous indiquer des fastes plus antiques encore où étoient consignées les loix religieuses qui le prescrivoient.

Le titre de Pere de la nature parut dans la suite un nom trop vague pour désigner le Soleil. D'ailleurs il ne s'accordoit pas même avec la Physique grossiere de ces temps-là. En effet on ne concevoit pas trop aisément comment un astre brûlant, comme le Soleil, auroit pû produire l'eau, l'air, la terre &c. Mais on observa que c'étoit lui qui faisoit germer, pousser, meurir les minéraux, les métaux & les plantes, & qu'il vivifioit les animaux : on éprouva qu'un animal prêt d'expirer accidentellement, reprenoit l'usage de la vie & du mouvement si on l'exposoit aux rayons du Soleil. On observa enfin que lorsque cet astre s'absentoit (suivant le langage des peuples primitifs) la nature tomboit dans une sorte de mélancholie, & que, si son absence étoit longue, la plupart des Etres éprouvoient l'altération ou quelquefois même la perte totale de leur mouvement. De toutes ces observations l'on conclut que le Soleil étoit l'ame du monde : expression qui dans les plus anciens idiomes connus ne signifie autre chose que ce qui anime, ce qui donne le mouvement, ce qui vivifie ; & c'est encore en ce sens que nous appellons esprits certains extraits de diverses liqueurs & de divers minéraux, qui en circulant dans notre sang nous rendent l'action & le mouvement, qu'un accident avoit suspendus.

Lorsqu'on eut reconnu le Soleil pour être l'ame du monde, l'on s'appliqua plus que jamais à connoître ses propriétés. On s'apperçut qu'un séjour un peu long dans un lieu totalement privé de ses rayons affoiblissoit nos organes, & que l'extrême fraîcheur nous causoit un saisissement capable d'interrompre le cours de nos mouvemens ; mais qu'en exposant un homme, ou un autre animal, saisi par le froid qui régne dans un antre profond, qu'en exposant, dis-je, un tel homme à la chaleur vivifiante des rayons du Soleil ou l'approchant du feu artificiel, symbole du feu principe qui est dans le Soleil, il reprenoit l'usage du mouvement qu'il avoit perdu. Ce rapport marqué entre l'action du Soleil sur la nature entiere, & cette même action sur les hommes, fut plus que suffisante pour persuader aux anciens que ce qui les animoit en particulier, étoit précisément ce qui animoit la masse générale des Etres. Une expérience habituelle avoit pu les convaincre qu'ils ne pouvoient subsister sans le secours de l'air ; mais ils durent concevoir en même temps que cet air leur devenoit nuisible, s'ils n'étoit purifié par la chaleur du Soleil. Toutes ces considérations enfin les porterent à se croire animés par le Soleil, comme tous les Etres de la nature, & à regarder leur ame comme une portion de l'ame générale du monde.

Jusques-là nos antiques ayeux ont agi très-conséquemment. S'il est un principe *animant*, sans doute c'est le Soleil, ou tout au moins son action ; mais combien est absurde le culte que rendoient à cet astre des peuples prévenus que leur ame étoit une portion de sa substance enflammée ? Ne pouvoit-il pas leur tomber sous les sens qu'on ne peut se rendre un culte à soi-même, & que les vœux qu'ils adressoient au Soleil, se rapportoient à eux-mêmes, qui étoient animés par une portion de cet astre ?

On ne sçauroit supposer que des hommes qui avoient vû le Soleil éteint, le crussent immortel. Ainsi nous pouvons juger que le dogme de l'immortalité de l'ame est postérieur aux premiers malheurs du monde. La génération immédiate de ces témoins des désordres de la nature, & les descendans des leurs jusqu'à un certain nombre de dégrés, ne durent point non plus être infatués de cette opinion. Il eſt plus que vraiſemblable qu'ils crurent conſtamment leur ame être une portion du Soleil ; mais qu'ils ne pouſſerent pas plus loin leur croyance ſur cet objet.

Pour atteſter la multiplicité des déluges, c'eſt-à-dire des bouleverſemens de la nature, l'hiſtoire ſe réunit aux monumens phyſiques de ces anciens déſaſtres du genre humain. Il eſt ſingulier qu'on n'ait juſqu'à-préſent fait aucune attention à ce que dit Moyſe en parlant du déluge qui déſola une partie de la terre au temps de Noé. Il aſſure que l'eau (*a*) ſurpaſſa le ſommet des plus hautes montagnes : donc il y avoit des montagnes préexiſtantes à ce déluge ; donc il n'étoit pas le premier fléau de ce genre que les mortels euſſent éprouvé ; car les vallées, ſans leſquelles il n'y auroit point de montagnes, ne ſont autre choſe que la racine ou le ſol d'une maſſe de terre dont la ſurface a été déchirée juſqu'à une certaine profondeur par une violente ſecouſſe.

N'allez pas croire, Sophie, que je veuille faire le procès à l'hiſtorien ſacré pour avoir dit la vérité en cette oc-

(*a*) Gén. Chap. VII.

LETTRES à SOPHIE.

casion. Tous les auteurs qui parlent des déluges en ont dit autant. Il est vrai qu'ils n'ont point essayé comme Moyse de faire accroire que ces fléaux eussent été & uniques & universels ; mais tous s'accordent à nous apprendre qu'il y avoit au temps de ces funestes révolutions des montagnes sur lesquelles les peuples se retiroient pour se mettre à l'abri des inondations qui alloient les submerger.

CETTE vérité, qu'il y a eû des déluges successifs, résulte de l'histoire des fêtes établies pour en conserver la mémoire. La plupart de ces commémorations se célébroient sur de hautes montagnes qui avoient servi d'azile & de refuge anciennement. Certains peuples payens & sauvages érigerent même un culte réglé en faveur de ces montagnes sur lesquelles ils avoient trouvé la sureté de leurs vies.

RIEN ne s'oublie plus vîte que des malheurs. Qu'un homme, après avoir éprouvé tout ce que la misere a d'horreurs, passe dans un état de félicité, vous le voyez à l'instant perdre le souvenir de tous les maux qu'il a soufferts. Au centre du malheur même un instant passager de bonheur semble nous rendre insensibles aux peines dont nous sommes accablés. Telle est notre constitution: telle fut celle des descendans des hommes qui avoient vû les premiers malheurs du monde.

Loin de cette époque fatale au genre humain, l'usage permanent qu'il fit de la tranquilité, altéra l'idée des fléaux anciens qui l'avoient désolé; les vestiges des secousses que la terre avoit reçues, perdirent leur signification, & ne furent plus que des symboles arbitraires, que chacun expliqua au gré de sa fantaisie. Enfin la durée du calme effaça totalement le souvenir des anciennes tribulations. Les hommes virent que tout homme étoit bien: ils crurent qu'il en avoit toujours été de même. Et cette opinion, que le monde avoit été le même éternellement, fut l'ouvrage des Prêtres, qui transformerent en cérémonies religieuses & obligatoires toutes les institutions qui avoient pour objet le souvenir des anciens malheurs du monde.

Les hommes avoient oublié des calamités qu'ils n'éprouvoient plus; mais l'opinion flateuse d'être animés par une portion du plus bel astre qu'il y eût dans l'univers, ne s'étoit point effacée de leur

LETTRES à SOPHIE. 47

esprit. Et quel sentiment opposé auroit pû l'en bannir, cette opinion? Une expérience trop continuelle militoit pour sa réalité.

Des deux hypothèses, dont l'une admet l'éternité du monde, & l'autre que l'ame humaine est une portion de l'ame de ce monde même, on en conclut naturellement que l'ame étoit immortelle dans l'homme, comme dans la masse générale des Etres.

Quelle fut l'erreur de nos grandsperes, quand ils se crurent animés par une ame immortelle? Elle ne fut pas si grande qu'on se l'imagine. Une longue chaîne de siècles s'étoit écoulée depuis les malheurs primitifs; les symboles destinés à en conserver le souvenir, avoient perdu leur signification originelle: ils crurent le monde éternel, ainsi que l'ordre qu'ils y voyoient régner. Leur méprise ne roula que sur les qualités accidentelles de la matiere: mais ils raisonnerent juste quant à sa substance que tout nous démontre être éternelle.

Dans des temps où l'astronomie n'étoit pas même encore une science superstitieuse, ainsi que nous l'avons vu devenue dans des siècles postérieurs, la permanence du Soleil pendant une longue succession de siècles, suffit pour faire naître l'opinion de son éternité. Nos Peres voyoient cet astre constamment enflammé, brûler d'assez de feux pour échauffer la nature entiere, & cela, sans s'altérer, sans qu'il parût aucune diminution dans sa masse immense: ils n'avoient point apperçu, à l'aide de nos lunettes, que le Soleil est sujet à des taches qui se meuvent du pôle oriental de cet astre vers l'occidental, en l'espace d'environ quinze jours; que ces taches sont irrégulieres dans leur forme, changeantes, & quelquefois plus grosses que la Terre; qu'elles se dissipent enfin après avoir fait plusieurs révolutions autour du Soleil: Ils ignoroient par conséquent que l'éternité apparente dont le Soleil jouit à notre égard, n'est entretenue que par la chute de grosses pièces de matiere, qui se détachent des voutes du firmament, & s'enflamment en traversant sa sphere. S'ils eussent connu la nature des alimens qui font subsister le flambeau qui nous éclaire, loin de le regarder comme un corps éternel par essence, & immuable dans sa forme, ils auroient conçu que dans une nature dont le mouvement est la vie, il n'est n'eſt aucun Etre qui ne ſoit ſuſceptible d'altération & d'augmentation relativement aux portions d'alimens & de ſubſtance qu'il perd & qu'il reçoit.

Au reſte, comme l'erreur des anciens ne conſiſte qu'en ce qu'ils confondirent la matiere ſubtile, retirée au centre de l'univers lorſque tous les corps qui le compoſent prirent leur aſſiette, avec la maſſe des exhalaiſons terreſtres, & les pieces des aſtres ſupérieurs qui s'y rendent, & qui s'enflammant perpétuent le globe lumineux qui nous éclaire, nous devons être portés à les excuſer.

Il eſt vrai qu'ils auroient évité bien des diſputes ſi, au lieu d'avancer que leur ame étoit immortelle, à raiſon qu'elle faiſoit partie du ſoleil conſidéré comme l'ame du monde, ils s'étoient retranchés à dire qu'il y avoit dans la nature une matiere ſubtile & inflammante, active & pénétrante, & qui s'introduiſant dans toutes les parties de la matiere, ſuſceptibles par leur arrangement de mouvement, les vivifioit & les animoit. Ce principe inconteſtable poſé, voici comment ils auroient raiſonné : Toute la nature eſt mue par une matiere ſubtile, ou un eſprit, qui la pénetre : On ne sçauroit le nier. Cette matiere subtile est la cause productrice de la végétation & de l'animation dont jouissent les Etres qui en sont capables: c'est encore un point qu'il faut accorder. Or nos individus sont des portions modifiées de la nature animée par cet esprit, & ils sont animés: donc que ce qui les anime est précisément ce qui anime l'univers: donc notre ame est une parcelle de la matiere subtile.

L'Immortalité de l'ame s'ensuivoit naturellement de cette hypothèse; car étant par sa nature une substance infiniment déliée & toujours en mouvement, une substance pénétrante & invisible, son action doit être éternelle, non sur un même sujet, mais sur une succession infinie de sujets divers. La plus mince particule de matiere subtile ne sçauroit périr. Ce que nous appellons la mort, n'est autre chose qu'un repos: or une matiere pénétrante, qui passe à travers les corps les plus durs sans rencontrer d'obstacles & sans laisser nul vestige de son passage, n'est susceptible d'aucun repos, & par conséquent ne sçauroit se détruire.

Mais laissons les anciens chercher le principe de l'ame dans le Soleil, tandis qu'il étoit dans la matiere subtile, dont la masse concentrée au milieu de l'univers, & tournant en sa propre substance tous les corps qui s'y rendent, forme le vaste foyer d'où sortent ces rais brûlans qui nous éclairent & nous vivifient. En consultant ces siècles reculés nous n'avions d'autre objet que d'apprendre à quelle époque nous pouvions fixer l'origine du dogme de l'ame immortelle : & nous en sommes instruits. Ce dogme n'existoit pas avant les premiers malheurs du monde, parce que n'ayant alors essuyé aucune calamité, il n'est pas naturel de supposer que l'homme ait cherché à se donner un protecteur contre des ennemis dont il ignoroit l'existence.

De l'époque du culte du Soleil, au temps où cet astre a été regardé comme l'ame du monde, & encore de l'instant où l'ame humaine a été déclarée être une portion de l'ame générale, le laps n'a pas dû être considérable. Mais entre ces temps & celui où l'on a dit l'ame, portion du Soleil, immortelle comme cet astre, l'espace a dû être immense. Il a fallu que la génération, témoin des désordres de la nature, pérît, que leurs descendans leur fussent réunis, que la postérité de ceux-ci fût anéantie totalement, & que des races nouvelles leur succédassent: il a fallu enfin que les fêtes & les symboles commémoratifs, institués pour apprendre aux hommes les premiers bouleversemens & leurs terribles effets, fussent absolument détruits; car quelle apparence que des hommes qui avoient vû le Soleil éteint, ou qui auroient conservé la mémoire de son extinction, le crussent immortel, & comme tel impassible & inaltérable?

Nous venons de voir comment les malheurs primitifs de la nature ont pu donner naissance au sentiment de l'immortalité de l'ame; examinons maintenant comment la Physique a pu faire éclore cette opinion dans l'esprit des hommes.

2°. Avec plus de connoissance de la Physique, nos Peres n'auroient jamais imaginé le souffle qui les anime être de nature immortelle, au sens où nous entendons ce mot: mais les notions confuses qu'ils avoient de cette science ont suffi pour les porter à supposer cette immortalité, qui, selon eux, n'étoit qu'une qualité inhérente à la matiere subtile, ou à l'esprit de la matiere, qu'on s'accoutuma insensiblement à regarder comme un Etre distinct de la masse générale de la matiere.

La vue d'un animal sur le point d'expirer, & enfin privé de la vie, a pu donner lieu à cette distinction. Tant qu'il a vécû il a joui du sentiment & du mouvement : il cesse de vivre, il est privé à l'instant de l'un & de l'autre. Cependant il ne change point de forme, de figure, ni de couleur : on n'apperçoit aucune altération sensible dans son poids : donc ce qui lui donnoit le mouvement & le sentiment ne faisoit point partie de son Etre corporel sensible, qui demeure entier après, comme avant la mort. Voilà déjà le principe du mouvement & du sentiment, distinct de la matiere.

Incontinent après cette premiere découverte, on s'appliqua sérieusement à chercher quelle pouvoit être la nature de cette substance distincte de la matiere. Les uns prétendirent que c'étoit un feu, non semblable à celui que nous connoissons, mais infiniment plus délié & plus subtil, un feu qu'en un mot ils nommerent feu principe. Les autres avancerent que l'air étoit cette ame qu'on cherchoit ; les autres prétendirent que c'étoit l'humide ; quelques-uns enfin inventerent un nouvel élément sans forme, sans couleur, & duquel ils ne purent jamais dire autre chose, sinon qu'il étoit le *Principe animant*, ou le moteur qui donnoit le mouvement à toute la matiere.

Pendant le cours des discussions auxquelles ces diverses opinions donnerent lieu, on réfléchit beaucoup sur les propriétés excellentes du Principe-animant, & sur la découverte qu'on fit, que les Etres après la mort ne faisoient que se dissoudre, se désassembler, sans que les parties qui les composoient éprouvassent l'anéantissement : on en conclut que, si le corps proprement dit, incapable de sentiment & de mouvement dès qu'il est privé du Principe qui les lui donnoit, n'étoit pas susceptible du néant, à plus forte raison ce Principe, doué de si excellentes qualités, devoit être immortel.

Quand on raisonne d'après de faux principes, les conséquences que l'on tire sont toujours fausses d'une fausseté relative à l'objet auquel on a mal à propos appliqué ces principes viciés. Les anciens en remarquant la diversité qui régnoit entre les caracteres des hommes, imaginerent encore que chacun avoit son ame particuliere, qui le conduisoit vers le bien ou vers le mal, suivant ses inclinations bonnes ou mauvaises. Il ne falloit qu'un peu d'attention pour comprendre que le même air, l'air le plus épuré produira des sons différens s'il passe dans des tuyaux de diverses qualités : mais nos Peres passerent par dessus cette remarque importante. Les observations qu'ils firent sur la diversité des caracteres ne servirent qu'à les confirmer dans l'opinion où ils étoient de l'existence d'une cause distincte de la matiere sensible : car, disoient-ils, toutes les modifications de la matiere dans un même genre ont des conformations généralement ressemblantes ; tous les hommes sont des hommes à quelques différences près, parce qu'ils sont tous formés de matiere ; mais tous ont des inclinations diamétralement opposées, tous pensent & agissent diversement : donc il y a diversité entre la substance animée, & la substance animante : donc elles sont distinctes.

Je ne m'arrêterai point à vous rapporter les différentes manieres dont une Physique mal entendue a pu faire errer nos Peres sur la nature de leur ame. Il nous suffit de sçavoir que la considération des qualités de la matiere groſſiere & de celles de cette même matiere épurée, a pu les porter à en conclure qu'il y avoit deux ſubſtances dans le monde; & qu'enſuite, après avoir ainſi diſtingué ce qui n'étoit pas ſuſceptible de l'être, ils ont pu juger que ſi les parties de l'une ne pouvoient être anéanties, l'autre qui étoit à leur ſens douée de propriétés infiniment plus excellentes, méritoit au moins les honneurs de l'immortalité. Paſſons à l'examen de la troiſieme cauſe que nous ſuppoſons avoir été la ſource où le dogme de l'ame immortelle a pu prendre naiſſance.

3°. Les premiers déſordres de la nature ayant détruit toutes les ſociétés qui exiſtoient au temps où ils arriverent, les malheureux humains qui échaperent aux calamités, vécurent errans & vagabonds, ſans oſer ſe fixer ni ſur les montagnes qui s'écrouloient ſous leurs pieds, ni dans les plaines où l'eau venoit les ſubmerger, ni au fond des antres qui s'abîmoient ſur eux. La vue des horribles ſcenes qui venoient de ſe paſſer, la joye intérieure de s'être ſauvés du naufrage, dut exciter en eux deux ſentimens, l'un de crainte, l'autre de reconnoiſſance. Des météores avoient précédé le premier bouleversement, le moindre signe dans le ciel, un nuage épais, un éclair, une réfraction de lumiere devint pour eux dans la suite un objet de terreur & d'épouvante : & il est naturel de présumer qu'à l'aspect de ces signes ordinaires la crainte les porta à se prosterner pour essayer, par les supplications, d'en détourner les suites funestes. Ces prieres durent avoir souvent leur effet, parce qu'il est dans l'ordre que le calme succede à l'orage, & les hommes ne manquerent pas de joindre bientôt à ces prieres qui suspendoient l'orage, des actions de graces qu'ils rendoient, lorsqu'il étoit détourné.

Que pouvoient penser des humains échapés à un déluge de maux, & qui se croyoient munis d'un secret capable de les détourner à l'avenir ? N'étoient-ils pas en droit de conclure que le monde n'avoit été frappé de tant de playes, que pour n'avoir pas fait usage de la priere ?

D'abord ce culte, dont on ne connoissoit que confusément l'objet, fut rendu par chaque particulier dans la forme que sa fantaisie lui prescrivit ; mais il fut réglé dès que les sociétés reparurent sur la terre.

Les besoins réciproques des hommes ne furent pas la seule raison qui les engagea à se réunir. De tout temps, & dans toutes les circonstances, il s'est trouvé des ambitieux qui ne connoissoient de vrai bonheur que celui de gouverner, de commander & d'être obéis. Il y a beaucoup d'apparence que les exhortations de ceux-ci, plus encore que les besoins réciproques, contribuerent à la formation des nouvelles sociétés. En effet les besoins d'un homme qui mene une vie errante & vagabonde sont très-peu nombreux; car nous ne connoissons les privations que par l'usage des choses. Il faut avoir joui d'un plaisir pour appercevoir qu'on en est privé.

Les sociétés rétablies, le culte d'invocation & d'action de graces réglé, la superstition ne tarda pas à infecter d'une multitude de cérémonies, une Religion qui consistoit d'abord dans des actes purs & simples d'hommages & de reconnoissance. D'un autre côté, les obligations civiles se multiplioient. Il ne suffisoit plus à chaque homme de pourvoir à sa subsistance : il falloit qu'il fournît encore de quoi nourrir & entretenir ses chefs, ses magistrats; qu'il prît soin de l'établissement de ses enfans, qu'il al-

lât à la guerre &c. Tant d'asservisse-
mens domestiques & civils obligerent les
citoyens des nouvelles sociétés de se décharger du soin d'une partie de leurs affaires sur des hommes voués par incli-
nation à la vie sédentaire. Telle est l'o-
rigine de la premiere institution des Prêtres. C'étoient des gens payés par chaque Citoyen pour aller offrir au Soleil ou
à la Lune, les premiers Etres adorés des
mortels, & les prieres & les présens
qu'on leur adressoit.

La constitution de l'univers est telle
que les saisons ne peuvent être égales.
Il survint des accidens qui firent craindre
le retour des calamités précédentes : on
redoubla les offrandes, les Prêtres y
trouverent leur compte, & inventerent
à chaque événement de nouveaux moyens
pour détourner les fléaux. L'effet ne
répondit pas toujours à l'attente qu'ils
avoient donnée : alors ils supposerent
que le peuple étoit coupable de quelque crime, qui avoit atténué la vertu
des prieres & des sacrifices.

La situation où les hommes s'étoient
trouvés durant le désordre, & la pré-
vention où ils étoient d'avoir trouvé un
secret capable de détourner les fléaux,
purent très-bien faire naître dans leur

esprit qu'ils n'avoient été ainsi affligés que parce qu'ils avoient été méconnoissans envers la cause qui leur avoit donné l'Etre. Mais que durent-ils penser lorsqu'ils virent de nouveau cette cause implacable les punir lorsqu'ils lui vouoient la soumission & le respect le plus profond ; lorsqu'ils se dépouilloient de ce qu'ils avoient de plus précieux pour le lui offrir ? Les hommes dans ces circonstances ne durent plus sçavoir à quoi s'en tenir : l'incertitude dut être le premier sentiment qu'ils éprouverent.

Quelque rigide que soit une société, une grande partie de ceux qui la composent y jouissent d'un état de molesse & d'aisance dont la vie sauvage n'est point susceptible : en sorte que les calamités qui survinrent, quoiqu'infiniment inférieures aux anciennes, ne parurent pas moins insupportables.

A ces fléaux naturels, se joignit le pesant fardeau du joug des chefs. L'homme accablé par les puissances du ciel & de la terre regretta son ancienne liberté, perdit le courage, & ne manqua pas de chercher les moyens de se remettre dans son premier état, ou du moins il n'avoit qu'une sorte de tyrans à craindre.

Il n'est pas difficile d'imaginer que les Souverains (c'est-à-dire les Prêtres, qui dans le gouvernement théocratique jouirent des premiers du pouvoir souverain) mirent tout en œuvre pour empêcher la rupture des sociétés qui alloit anéantir leur domination.

Les péchés contre nature n'étoient vraisemblablement pas connus dans ces siècles de ferveur & de piété. Cependant les hommes étoient frappés de divers fléaux. Pour rendre raison de ces calamités naturelles, qui étoient des effets sans cause pour des hommes religieux, on imagina qu'il y avoit une substance distincte de la nature, un Etre qui lui étoit supérieur, & qui disposoit à son gré de toute la nature, lequel on offensoit grièvement en suivant son instinct naturel.

Nos Peres étoient grossiers, j'en conviens; mais le bon sens est de tous les siècles. Il est plus que probable qu'ils ne purent concevoir comment leurs corps matériels, & les actions de ces corps dirigées par une force superieure à la matiere, pouvoient offenser cette Cause souveraine : car étoit-il plus facile à ce premier Etre de diriger les corps célestes de maniere qu'ils écrasassent les humains, que de rectifier les inclinations des hommes ? D'ailleurs dans la supposition d'une Cause motrice absolue, les bonnes & mauvaises œuvres étoient également son ouvrage. Ces observations sont si simples, qu'il est impossible de présumer que nos Peres ne les ont pas faites.

Pour détourner les conséquences qui en auroient résulté, les Prêtres eurent recours à de nouvelles suppositions.

Il leur fut facile de prouver à des hommes peu instruits des loix de la sçavante nature, que la matiere par elle-même étoit incapable de mouvement, d'action, d'intelligence, de volonté, &c. Ils prirent leurs expériences dans la matiere grossiere & brute. Cependant, dirent-ils à nos anciens, vous avez du mouvement, vous agissez, vous avez de l'intelligence, & une volonté dirige vos démarches : donc vous n'êtes pas composés seulement de matiere.

Dès qu'on fut convenu que ce bel argument étoit en régle, les choses furent grand train. Il n'étoit plus question que de sçavoir de quel genre étoit cette substance de nouvelle création, les opinions furent sans doute partagées ; mais le plus grand nombre convint que c'étoit une portion de la substance premiere, ou quelque chose d'approchant. On en conclut qu'elle étoit éternelle comme elle, que ses fonctions ne se bornoient pas à mouvoir la matiere, mais qu'elle étoit comme la surintendante de cette matiere, qu'elle étoit libre dans ses actions, & par conséquent responsable du mal qu'elle faisoit ou permettoit de faire.

Voilà, ma chere Sophie, les hommes instruits d'un grand secret. Ils sçavent qu'ils sont animés & mûs par une substance semblable ou approchante de la substance qui anime & meut l'univers. Mais leurs penchans naturels n'en parlent pas moins haut, ils ne se sentent pas moins inclinés à les satisfaire; & malgré les cris des Prêtres qui les exhortent à résister à leurs passions, ils succombent à chaque pas aux flateuses tentations d'une nature qui suit invinciblement sa pente.

Alors les Prêtres donnerent une foule de maximes & de préceptes dont l'usage avoit pour but de contenir & de mortifier cette nature rebelle; & quand elles furent épuisées, ces maximes, & que malgré les combats douloureux qu'il se livroit à lui-même, l'homme fut contraint de céder à l'attrait du plaisir & de la satisfaction, on inventa les expiations : sacrifices par lesquels on restituoit à la substance souveraine le tort qu'on avoit pu lui faire en suivant son penchant naturel. On sent assez que ces expiations devoient être proportionnées au mal qu'elles devoient expier : & cette équivalence, dont les Prêtres seuls avoient le tarif, les rendit dès-lors à jamais nécessaires à la société.

De nouveaux accidens qui survinrent dans l'ordre de la nature, pensèrent déranger tout le système des Prêtres.

Les hommes avoient imaginé que leur méconnoissance envers la nature avoit produit les premieres calamités ; & le culte qu'ils avoient établi pour en interrompre le cours, & détourner les fléaux à venir, n'avoit eû qu'un effet intermittent. On leur avoit appris ensuite que l'hommage pur & simple ne suffisoit pas, parce que ce n'étoit point la nature qu'il s'agissoit de fléchir, mais un Etre supérieur à la nature, qui s'irritoit quand on suivoit le penchant que celle-ci donnoit. Les hommes s'étoient fait violence, avoient tout mis en usage pour combattre leurs passions, pour les étouffer même : de nouvelles calamités étoient ve-

venues les affiéger. La fuperftition fit de fcrupuleufes recherches, & découvrit que plufieurs n'avoient pas eû la force de réfifter ; leur défaite devint la caufe du mal qui arriva. On établit l'expiation équivalente au péché : l'homme paya un impôt pour chaque victoire que fon tempérament remporta fur lui. Il femble qu'après tant de fatisfactions à la nature & à la premiere fubftance les humains devoient être acquités : Il femble qu'il étoit équitable de les laiffer jouir en paix de ce qui pouvoit leur refter du fruit de leurs travaux, après que la Nature, la premiere Caufe & les Prêtres avoient pris leurs droits : nullement. On ne vit peut-être pas, comme par le paffé, tous les élémens fe déchaîner contre notre planete ; mais les peftes, les famines, les fecouffes, les orages, les pluyes, les grêles, les vents impétueux vinrent tour à tour, & quelquefois tous enfemble, défoler les fociétés. Les hommes au défefpoir durent être plus d'une fois fur le point de les diffoudre : plus d'une fois on dut les voir s'eftimer affez malheureux pour chercher dans la mort un azile contre la perfécution des fléaux civils & céleftes. Leurs plaintes & leurs murmures roulerent fans doute fur l'inefficacité des usages pénibles qu'on leur avoit imposés. Quoi ! dirent-ils aux Prêtres, nous nous soumettons à tout ce que vous nous prescrivez, & les choses n'en vont pas mieux ! on nous trompe. Non, répondirent les Prêtres; mais ne perdez point courage : nous allons vous révéler le mystere le plus consolant & le plus propre à vous faire supporter patiemment tous vos maux. La Substance premiere irritée contre la nature, a en horreur toutes ses productions, & vos corps en sont une; ainsi c'est avec justice qu'elle est constamment attachée à vous persécuter & à vous détruire. Mais par une grace spéciale le premier Principe s'est relâché en votre faveur, à la considération de l'esprit qui vous anime, & qui est une portion de son essence : il vous a préparé une autre vie dans laquelle vous passerez au sortir de celle-ci, & où vous jouirez d'un bonheur inaltérable & éternel. La seule condition qu'il exige pour un si rare bienfait, c'est que vous suiviez à la lettre tous les préceptes que nous vous prescrirons de sa part. Ils seront rigoureux; mais la vie est courte, ce n'est qu'un passage imperceptible en comparaison de l'Eternité. Supportez donc patiemment vos maux : les efforts que vous feriez pour vous y fouftraire feroient inutiles, le fort en eft jetté : Il vous faut fouffrir en ce monde, fi vous voulez éviter en l'autre des tourmens qui ne finiront jamais.

Vous avez dû remarquer, ma chere Sophie, en lifant tous les ouvrages qu'on a faits fur l'origine du dogme de l'immortalité de l'ame, qu'on n'étoit point d'accord fur les caufes qui avoient pu produire cette opinion : c'eft un problême infoluble. Mais comme nous la trouvons établie dans la plus haute antiquité, fans qu'il paroiffe cependant qu'elle fût l'ouvrage des premiers Légiflateurs connus, nous pouvons en conclure qu'elle leur eft antérieure. D'un autre côté nous ne trouvons point la croyance de l'immortalité de l'ame chez les peuples qui n'ont point éprouvé les fléaux où tant d'autres ont été en proye, ou qui n'en ont pas confervé la mémoire : tels font les Indiens. Enfin c'eft parmi les nations qui ont le plus confervé de veftiges des malheurs du monde, que nous voyons le dogme de l'ame immortelle plus généralement reçu. Mais ces mêmes peuples ne nous apprennent point l'époque de son origine, quoiqu'ils nous indiquent à-peu-près celles des révolutions arrivées dans la nature. Je suis donc autant fondé qu'on peut l'être à conjecturer que le dogme de l'immortalité de l'ame a pris naissance, non immédiatement après les premiers malheurs du monde; mais dans l'intervalle de temps qui s'est écoulé entre ces premiers malheurs & les seconds.

Si j'étois forcé d'adopter un sentiment, ce seroit celui-là : sans cependant rejetter absolument les deux autres causes, qui, si elles n'ont pas fait naître cette opinion, ont pu du moins contribuer à la rendre plus générale, ou l'ont affermie dans l'esprit des hommes.

Au reste, Sophie, ce n'est pas tant l'origine d'une opinion qui nous intéresse : la grande question est de sçavoir si elle est fondée sur des motifs qui soient assez puissans pour nous contraindre à l'adopter.

LETTRE XIX.

Examen du dogme de l'ame immortelle en supposant un Dieu.

JE fais abstraction de toutes les objections qu'on peut faire contre l'hypothèse qui admet un Etre supérieur à la nature, infiniment grand, infiniment juste, infiniment bon &c. Je suppose donc pour un moment que l'existence de Dieu, au sens où les Juifs, les Mahométans, & les Chrétiens l'entendent, est un fait démontré. Voyons, ma chere Sophie, si le dogme de l'ame immortelle acquerra quelque dégré de force par cette supposition.

1°. Il y a un Dieu, dit-on : donc il faut un culte : or, ajoute-t-on, la matiere est incapable de rendre aucun culte à la Divinité : la preuve s'en tire de la conduite des végétaux & des animaux qu'on nomme Brutes, qui naissent, croissent & meurent sans donner de marques de reconnoissance envers le Créateur commun, & sans témoigner ni crainte ni espoir sur l'état qui doit succéder à leur vie sensible. D'où l'on conclud que puisque la matiere seule est incapable de rendre à Dieu un culte, nécessaire dans l'hypothèse, il faut absolument qu'il y ait dans l'homme une substance distincte de la matiere, & propre par sa nature à rendre ce culte exigé.

2°. Les partisans de l'immortalité de l'ame vont plus loin. Dieu est un Etre purement spirituel, c'est-à-dire, dégagé de toute matiere ; ils en concluent que l'ame est d'une nature semblable, ou à-peu-près, parce que, disent-ils, on ne peut rendre un culte qu'à ce qu'on conçoit au moins implicitement. Or la matiere n'a aucune faculté concevante : donc la substance qui en nous rend un culte à l'Etre suprême, est de nature spirituelle.

Ils prétendent encore qu'il étoit de la sagesse de l'Etre suprême de créer l'ame d'une substance semblable à la sienne, ou du moins approchante, parce qu'il en est de l'hommage comme de l'insulte : l'un & l'autre ne font d'impression qu'à raison de la parité ou de la proximité des conditions. Qu'en reviendroit-il à Dieu, disent les partisans de l'ame immortelle, d'être honoré par une matiere aveugle, insensible, qui ne se porte à aucun acte qu'elle ne soit mue par une force supérieure, maîtresse absolue de tous ses mouvement? L'hommage, en ce cas, ne seroit que la suite d'une direction vers ce but; & cette direction auroit son principe en Dieu, source du mouvement: Ce seroit par conséquent Dieu qui rendroit hommage à Dieu: ce qui est absurde. Il est infiniment plus digne de l'Etre suprême d'avoir créé des substances dégagées de toute matiere, des substances d'une nature semblable à celle des Anges, douées de force, de volonté, & de liberté, (qualités qui supposent l'intelligence), des ames, en un mot, dont les fonctions eussent le double objet de mouvoir le corps qu'elles animent, & de diriger ses mouvemens vers cet Etre suprême de la maniere la plus propre à le glorifier. Ainsi raisonnent ceux qui soutiennent l'ame immortelle & spirituelle, mais raisonnent-ils conséquemment? C'est ce que nous allons examiner.

1°. La premiere proposition se renverse par l'éternité de Dieu & *l'inéternité* du monde. Si l'on dit que cette proposition est conditionnelle, & qu'il faut l'entendre en ce sens, que dans la supposition d'un Dieu, il faut un culte *dès qu'il existe des créatures intelligentes*; je prouve que Dieu n'est pas Dieu. Dans la Divinité le bonheur est un attribut transcendant, inséparable de son essence: mais ce bonheur est infini & éternel comme l'Etre-même auquel il est attaché. On ne peut nier ce que je pose ici. Cependant ce raisonnement seroit faux, dans l'hypothèse des partisans de l'ame immortelle: car, selon eux, il a été un temps où il manquoit au bonheur de Dieu l'hommage que lui doivent rendre les créatures intelligentes. Donc le bonheur de Dieu n'étoit pas alors infini; car on ne peut rien ajouter à l'infini. Qu'on ne dise pas que le culte de la Créature n'influe en rien sur le bonheur du Créateur, car (je parle aux Chrétiens & aux Juifs) Dieu s'irrite dès qu'on lui dérobe l'hommage qu'il exige : (je parle aux Déistes) il est absurde qu'un Etre infiniment sage exige une chose qui ne lui est de nulle conséquence. Mais, dira-t-on, c'est pour notre propre bonheur que la Divinité prétend qu'on l'adore. Forçons le préjugé dans ce dernier retranchement. Et d'abord, le bonheur d'une créature ne sçauroit consister que dans des actes dont le but ou les conséquences sont relatifs à son Etre proprement dit, & au bien de cet Etre. Nous rendons nos respects au Souverain, à un Grand; notre bonheur ne consiste pas dans l'hommage que nous déférons, mais dans le résultat de cet hommage, qui est notre bien-être. S'il cesse d'y contribuer, s'il retire ses graces, en un mot si l'effet est différent de ce que nous avions droit d'attendre, nous diversifions l'objet de nos assiduités. En second lieu nous sommes intimement convaincus que nos assiduités, que nos services sont de quelque utilité à celui qui en est l'objet, à quelque point qu'on en veuille réduire le prix : ensorte que la faveur est une sorte de monnoye dont on nous paye. Il n'en est pas de même de la Divinité. Tout ce que nous pouvons faire pour elle, ne sçauroit ajouter à son bonheur, parce qu'il est infini indépendamment de notre bonne ou mauvaise volonté à son égard. La relation d'intérêt est donc absolument détruite entre le Créateur & la Créature. Là, il n'existe aucune réciprocité. Tout ce qu'on pourroit dire, c'est qu'une fatalité a déterminé les choses de maniere que l'ame sera heureuse, si elle rend à Dieu un culte qui lui est inutile, & malheureuse si elle ne se soumet pas à remplir cette vaine formalité. Mais, Sophie, ce sentiment supposeroit une cause supérieure à la Divinité-même, & qui la contraindroit, par certaines loix, à récompenser celui qui n'auroit rien fait pour elle, parce que réellement on ne peut ajouter à son bonheur infini; & à punir celui qui n'auroit pas voulu se livrer à des pratiques inutiles.

Il y a plus. Dans le sentiment de ceux qui prétendent que le culte rendu à Dieu par les substances intelligentes est réversible sur le bonheur propre de ces substances, la justice de l'Etre suprême se trouve anéantie ; car on ne sçauroit dire qu'il est injuste : mais je soutiens qu'il n'y a point de justice à récompenser des actions qui nous sont absolument indifférentes; des actions qui n'on rien ajouté au bonheur dont nous jouissions avant leur existence. Mais si nous passons à l'article de la punition, qu'est-ce qu'un Dieu qui châtie celui qui ne lui a fait aucun mal ? Or dans l'état d'indépendance où se trouve son bonheur, nulle action, quelle que soit sa nature, ne peut l'altérer. Un Etre qui punit des actions qui ne le touchent pas, ne peut être déterminé à agir ainsi que de deux manieres : c'est ou parce qu'il est contraint de punir par une puissance supérieure à la sienne, ou parce qu'il trouve son plaisir dans la punition qu'il exerce. Dans le premier cas, si Dieu est contraint, il n'est pas Dieu; car il y a quelque chose au dessus de lui à quoi il est subordonné. Dans le second, le plaisir faisant partie du bonheur de la Divinité, le Dieu punissant cesse encore d'être Dieu; car chaque fois qu'il punit, il accroît son bonheur : donc il n'est pas infini. Et d'ailleurs le nombre des substances intelligentes, dans le cas de la punition, venant à diminuer, le bonheur de la Divinité recevroit une altération : & qu'arriveroit-il, si toutes les substances se tournoient vers le bien, au sens où l'entendent les partisans du culte dû à Dieu ? Quelle brèche une telle conversion feroit-elle à la félicité du premier Etre ? Suivons le raisonnement de nos adversaires.

Les Minéraux, les Végétaux, les Brutes ne rendent aucun culte à la Divinité : ils sont pure matiere. Nos corps, abstraction faite de l'entendement & des autres facultés spirituelles dont l'ame les doue, ne sont non plus que de la matiere : cependant il faut un culte : donc Dieu a mis en nous une substance distincte de la matiere, & capable de lui rendre ce culte. Ainsi concluent les Philosophes religieux.

Mais je dis : Dieu agit toujours par les voyes les plus simples : s'il existe, il est un, & la diversité est l'opposé de l'unité : comment accorder cette double création ? D'ailleurs, n'étoit-il pas plus simple & plus facile à Dieu de donner à la matiere, modifiée de façon à former ce que nous appellons l'homme, la faculté connoissante & l'intelligence propre à lui rendre le culte qu'il exige, que de créer une substance distincte de cette matiere ? Est-il plus difficile d'identifier à la matiere le penchant à prier, à adorer, que de la doter des facultés admirables & étonnantes qu'elle possede ? Dans l'ordre des choses, un homme avec toutes ses facultés, n'est pas plus surprenant qu'un rocher, qu'un chêne, qu'un cheval, ou même qu'un minéral avec les leurs.

Au reste, Sophie, lorsque les partisans de l'ame immortelle nous assurent si positivement que l'homme, entant que matiere, n'auroit fçû remplir toutes les fonctions auxquelles il étoit destiné, & qu'il lui a fallu le secours d'une substance immatérielle & absolument distincte de la matiere, pour le rendre capable de rendre un culte à son auteur, ces prétendus Philosophes ont-ils bien démontré l'inertie de la matiere? C'est cependant à quoi ils sont obligés, avant que de forcer notre concept à l'admission d'une substance distincte de nos corps. C'est surtout à la démonstration de cette inertie ou incapacité qu'il faut s'arrêter, quand ils vous pressent par leurs sophismes éblouissans.

II°. Nos adversaires prévenus contre les propriétés de la matiere, lui refusent net la faculté concevante. Cela est conséquent à leurs principes. Il l'est encore qu'on ne sçauroit aimer ni haïr ce dont on n'a point l'idée; de-là ils concluent que la partie qui au dedans de nous-mêmes conçoit l'objet de son culte, c'est-à-dire, a des notions de l'Etre suprême qu'elle adore, est une substance distincte de la matiere, par conséquent spirituelle, & immortelle.

J'avoue qu'il est impossible à de la matiere, quelque modifiée qu'elle soit, de concevoir un Etre spirituel; il est à son égard comme s'il n'existoit pas. Mais où Dieu a-t-il pris la substance de ces ames douées d'une faculté connoissante? Ce n'a pu être dans la matiere; car Dieu ne sçauroit changer l'essence des choses & ne peut faire qu'un cercle soit triangulaire; & s'il eût pris ces substances dans la matiere, elles seroient mortelles & périssables comme tous les Etres corporels que nous voyons. De la matiere, tant subtilisée, tant spiritualisée qu'on voudra la supposer, sera toujours de la matiere, & ne sera différenciée des masses brutes sensibles, que par sa transparence & sa *diaphanéité*.

Mais qu'y a-t-il hors de la nature matérielle? L'Essence Divine, répond-on. On ne pouvoit répondre autre chose, & les Philosophes religieux l'on bien senti. C'est pourquoi ils ont dit que l'ame humaine étoit d'une essence semblable à celle de la Divinité. C'est parmi eux le sentiment le plus généralement reçu. Voilà donc la substance de l'ame qui est une portion de la substance de Dieu.

Mais je demande: Dieu est-il infini? On me répond qu'oui. Sur quoi j'observe: 1°. Si Dieu est infini, il est indivisible. L'indivisibilité est la marque caractéristique de l'infini, comme la divisibilité est le sceau du fini. 2. S'il est indivisible, il n'a pu diviser ou distraire de lui une ou plusieurs portions pour en faire des ames; car il auroit été tout à la fois divisible & indivisible. 3°. S'il est infini, les parties qui le composent doivent être finies ou infinies; or si elles sont infinies, dès l'instant qu'il aura détaché une portion de sa masse, il aura existé dans le monde deux infinis; ce qui est absurde. 4°. Si les parties qui le composent sont finies, il n'étoit point infini; car qui empêche d'ajouter à des parties finies une autre portion finie? on n'en manque pas. 5°. Si après la distraction d'une portion de son essence, Dieu est encore resté infini, la portion distraite étant finie ne pourra plus après sa séparation du Tout infini, concevoir son Dieu; car le fini ne conçoit pas l'infini; s'il eût été possible que le fini conçût l'infini, on eût sans doute chargé la matiere du culte que l'on suppose que l'ame doit à Dieu : cela eût été beaucoup plus simple. Il est plus facile de douer de facultés que de créer. 6°. Si l'on suppose les parties dont Dieu est composé, infinies, la portion qu'il a détachée de lui-même a dû occasionner en son tout un vuide infini : dès la séparation il a dû être moins infini qu'il n'étoit auparavant. 7°. Ce vuide doit subsister encore, parce qu'il est impossible de trouver un infini pour le remplir. 8°. Ce vuide doit être à charge à la Divinité ou contribuer à son bonheur. S'il lui est à charge elle a été ignorante quand elle en a fait la distraction : on n'agit pas contre soi avec connoissance de cause. Si le sçachant, elle l'a néanmoins fait, c'est qu'elle y a été contrainte : Or quel nom donner à l'Etre qui a contraint Dieu ? 9°. Si ce vuide contribue au bonheur de Dieu, il n'a pas été parfaitement heureux avant la distraction ; sa félicité en dépendoit : or qu'est-ce qu'un tel Dieu ? 10°. Ce que je viens de dire contre ceux qui admettent l'infinité dans les parties de la Divinité, milite également contre ceux-là qui les supposent finies. 11°. A quelque point qu'on veuille réduire le fini extrait de l'essence divine pour en former des ames, il a toujours dû causer un vuide, & comme tout fini est limité, tous les finis possibles restant après l'extraction, ne peuvent remplir ce vuide occasionné par le fini

fini séparé de la masse. 12°. Si les parties qui composent Dieu sont en particulier finies, on peut ôter & ajouter à leur total tout ce qu'on voudra. 13°. De quelque nature que soit la Divinité, que le vuide causé par la distraction d'une portion, soit immense ou borné, il est impossible de le remplir : car où trouver de l'essence pareille à la sienne ? Ce ne sera pas en elle-même, car ce seroit creuser un trou pour en boucher un autre. Ce ne sera point non plus dans la matiere, le seul Etre coëxistant avec l'esprit ; car, comme nous l'avons dit, Dieu ne sçauroit changer l'essence des choses : s'il eût pu spiritualiser de la matiere, il eût tout simplement spiritualisé l'homme. Cet animal ainsi transubstantié, auroit conçû Dieu, au moins implicitement, comme fait l'ame ; il eût, comme elle, été capable de lui rendre un culte, & s'il eût négligé de remplir ses devoirs à cet égard, Dieu auroit pu exercer sur lui, ainsi que sur son ame, telle peine qu'il auroit jugé à propos. 14°. Dans Dieu tout est infini, puissance, bonté, justice, connoissance, &c. &c. Or ces attributs étant infinis, doivent se rencontrer également dans toutes les portions de la Divinité. 15°. Tous les attributs de Dieu ont donc dû souffrir une altération, lors de la distraction qu'il a faite d'une portion de lui-même, pour former l'ame humaine. 16°. La portion distraite, qu'elle soit finie ou infinie, a dû emporter avec elle le *quantum* de puissance, de bonté, de justice, de connoissance dont elle étoit douée avant sa séparation. 17°. Si par sa séparation, elle a perdu ses qualités; c'est un présent inutile que Dieu a fait à l'homme. 18°. Mais elle n'a rien perdu: nos adversaires conviennent que la matiere est inerte: dont c'est l'ame qui connoît & qui conçoit en nous. 19°. On dira peut-être que la portion séparée de Dieu n'a conservé que la faculté connoissante, avec un pouvoir de se déterminer: mais lui laisser, ou non, tout ce qu'elle posédoit antérieurement à sa séparation, revient au même. Ce qu'elle emportoit en se séparant de la masse, altéroit ou n'altéroit pas les attributs des portions restantes. S'il les altéroit on n'a pas dû souffrir qu'elle emportât rien; car il n'est pas juste d'altérer un attribut plutôt que l'autre. Si au contraire, ce que la portion séparée emporte n'altere en rien les facultés des portions restantes, elle a dû jouir après sa séparation de tous les attributs dont elle jouissoit auparavant. 20°. Mais si l'ame, portion de la Divinité, au sentiment du plus grand nombre, jouit, comme cela doit être, de toutes les facultés qu'elle possédoit avant que d'être séparée de la masse; si elle garde encore sa puissance, sa bonté, sa justice, sa connoissance &c., doit-on la voir pécher jamais contre la bonté, la justice, la connoissance &c? Sa puissance émanée de la puissance divine, peut-elle céder, sans se compromettre, au pouvoir infiniment petit, en comparaison du sien, de la matiere? C'est cependant ce qui arrive tous les jours.

Je pourrois, Sophie, pousser plus loin le détail des absurdités qui résultent de l'opinion qui fait l'ame humaine une portion de la Divinité; mais j'en ai assez dit pour prouver qu'elle est insoutenable. Cependant c'est le sentiment le plus universellement reçû, & en effet il est assez difficile de donner une autre origine à l'ame, entant que spirituelle. Plusieurs Philosophes ont senti que, quelque fondée que paroisse cette opinion, que d'habiles plumes ont essayé d'établir solidement, elle étoit néanmoins susceptible d'une multitude d'objections: & soit par amour pour la nouveauté, soit par ostentation, ils ont tenté de donner cours à un nouveau sentiment sur la nature de l'ame humaine. Nous verrons par l'Ordinaire prochain qu'ils n'ont pas mieux réussi que les autres. Quelques efforts que l'on fasse pour donner à l'homme un air de Divinité, cet animal livré, comme le reste des Etres de son régne, aux impressions qu'il reçoit, s'il y résiste un instant en se faisant violence, nous développe bientôt en succombant la nature du ressort qui le meut.

LETTTRE XX.

Suite du même Sujet.

La plupart des hommes sont semblables à ces Lamies, dont nous parlent les Poëtes. Avant de se mettre en campagne elles s'armoient d'yeux qu'elles déposoient à leur porte avant que de rentrer chez elles. Ainsi l'homme porte un coup d'œil souvent très-fixe & très-certain sur les objets qui sont hors de lui; mais s'agit-il de se regarder lui-même, de pénétrer son intérieur; ses yeux qui sont en dehors ne peuvent lui servir à l'éclairer au dedans.

L'IMPUISSANCE où l'entendement humain semble être par rapport à la faculté de se connoître lui-même, vient moins de l'inexplicabilité de l'énigme, que de la maniere dont elle est proposée. D'anciens préjugés ont prévenu l'homme contre sa nature propre, il veut être ce qu'il n'est pas ; il s'épuise en efforts pour se trouver dans une sphere qui peut-être n'existe pas, & qui quand même elle existeroit, ne seroit pas la sienne : il n'est donc pas étonnant qu'il ne puisse se retrouver.

Nous possédons d'excellens ouvrages sur le méchanisme des Brutes ; dans des traités profonds & réfléchis, on a démontré d'une maniere convaincante comment l'instinct se fait chez elles, par le moyen de l'accord parfait de leurs organes. Dans ces mêmes Brutes, une expérience répétée nous atteste que l'instinct s'affoiblit à raison de l'altération qui survient dans leurs organes, soit par accident, soit par vétusté ; & qu'enfin il est détruit absolument, lorsque la mort a rompu toute l'harmonie, dont il n'étoit que le résultat. Des milliers de volumes nous offrent l'intéressante histoire des Brutes ; mais pas un seul ne nous apprend d'une maniere satisfaisante à connoître notre propre espece. Dans cette disette de connoissances, où nous sommes par rapport à nous-mêmes, quel parti prendrons-nous? Irons-nous de nouveau fouiller dans les profondeurs de la nature; & méprisant les pénibles travaux de ceux qui nous ont précédés, en entreprendre un, que la courte durée de notre vie ne nous permettra pas de mettre à sa fin? Non, sans doute; car il pourroit fort bien arriver, qu'après de longues années d'un travail opiniâtre, nos observations seroient les mêmes que les leurs. Toute la différence qu'on y rencontreroit peut-être, c'est qu'elles seroient faites à diverses occasions. Les principes seroient les mêmes, & les variations, s'il y en avoit, seroient seulement dans les conséquences.

CEPENDANT, Sophie, je sens bien que quand on est né avec autant de dispositions à connoître que vous en avez, il est douloureux de vivre dans une ignorance profonde de soi-même. Pour quiconque a des préjugés la connoissance de *soi* n'a rien que d'effrayant; mais heureusement vous en êtes délivrée; & je ne craindrai point d'altérer votre repos en vous révélant le grand secret de la nature de l'homme. Vous voulez connoître ce que c'est que cet animal singulier : ouvrez le premier historien de la nature qu'on nomme matérielle ; passez à la classe des quadrupèdes, & n'importe quel article vous tombe sous la main, que ce soit celui du cheval, ou du chien, cela ne fait rien absolument : supprimez du titre le nom de la Brute, suppléez-y celui de l'homme ; vous aurez son histoire.

Pour user avec fruit de ce moyen de s'instruire, il faut d'abord se pénétrer d'un principe incontestable, qui nous dit que la nature est une dans son essence ; mais qu'elle se modifie à l'infini. Ensuite ne point perdre de vue cet axiôme d'éternelle vérité : qu'un effet ne sçauroit être supérieur à sa cause. Il n'est pas moins vrai encore que tous les résultats d'un mouvement quelconque sont divers entre eux ; qu'ils s'augmentent ou s'affoiblissent à raison de la vigueur ou de l'énervement des poids qui donnent le branle au mouvement. L'usage de ces principes vous sera bientôt familier ; & aidée de leurs secours vous irez à pas de géant dans la carriere de la nature sensible.

Par le premier principe vous décou-

F 4

vrirez cette unité qu'il annonce. Partout dans le régne animal il y a du fang, des os, de la chair, des muscles, des nerfs, des visceres, du mouvement, de l'inſtinct &c.

Par le ſecond vous vous rendrez raiſon de la différence qui ſe trouve entre les divers Etres vivans de la nature. Vous n'irez pas comparer l'homme à la moule, ni le cheval au moucheron; vous vous ferez un plan de diverſité gradué, & qui ſoit tel, que chaque animal, que chaque eſpece y tienne le rang qui lui convient. L'examen des eſpeces vous convaincra que l'eſſence eſt par-tout la même, & que les diverſités n'ont uniquement que les modes pour objet. D'où vous conclurez que l'homme n'eſt pas plus ſupérieur à la matiere, cauſe productrice de l'homme, que le cheval n'eſt ſupérieur à cette même matiere, cauſe productrice du cheval ; & que s'il y a ſupériorité entre les deux eſpeces, homme & cheval; c'eſt ſeulement dans les modifications, ou les formes.

Notre troiſieme principe qui enſei-
„ gne que les réſultats d'un mouvement
„ quelconque ſont divers entre eux, &
„ qu'ils s'augmentent ou s'affoibliſſent

,, à raison de la vigueur ou de l'énerve-
,, ment des poids qui donnent le branle
,, au mouvement " fera disparoître en
un moment tout le merveilleux qu'on
semble appercevoir dans l'homme, quand
on vient à le comparer aux especes d'a-
nimaux qui lui sont inférieures. De
quelque maniere qu'on se retourne, dans
tous les Etres on ne voit que de la matiere, configurée diversement, il est
vrai; mais c'est toujours de la matiere.
Quoi! dira-t-on, l'homme & la moule
sont une même chose? Non; il seroit
absurde de le prétendre, j'en conviens.
Suspendez un pendule au bout d'un fil
à votre plancher; mettez-le en mouvement. La premiere ligne que dé-
crira ce pendule aura toute l'étendue
que la longueur du fil permettra; la seconde en aura moins, la troisieme moins
encore &c. jusqu'à ce qu'enfin le mouvement du pendule se réduise à une
simple vibration, laquelle se terminera
à un repos absolu. Sur cette expérience, je dis: tel animal est l'effet de tel
mouvement; la moule est le résultat
d'une vibration.

Vous n'êtes pas à vous appercevoir
combien le procédé des Philosophes partisans de l'ame immortelle, est différent

du notre. Leurs hypothèses sont toujours étayées sur des allégations gratuites : notre système est fondé sur l'expérience & le raisonnement. Pour expliquer le phénomene de l'homme, ils le douent d'une substance inconnue ; nous regardons ses qualités comme le résultat de son organisation. Leurs suppositions tranchent bien des difficultés, il est vrai ; mais ne vuident point la question. Nos preuves exigent mille discussions, & demandent de l'application & du temps ; mais, Sophie, ce sont des preuves. Cette proposition, par exemple, *l'ame humaine est une portion de la Divinité*, dispense tout d'un coup celui qui l'admet comme vraie, de chercher comment il est possible que de la matiere parle, pense, agisse &c. ; mais n'est-ce pas-là supposer seulement ? Nous avons vu dans la précédente que, sous quelque face qu'on envisageât cette opinion, elle étoit remplie d'absurdités, & que dès qu'on la soumet à l'analyse, elle devient une conséquence qui détruit son principe ; & que si elle étoit vraie, elle anéantiroit l'existence de Dieu, que nos adversaires admettent & que nous supposons pour un moment avec eux.

Les partisans de l'ame immortelle ressemblent assez à ces Républicains que l'intérêt particulier divise, & que l'intérêt commun réunit. Tous se rassemblent contre la matérialité, sans s'accorder cependant entre eux sur la nature de la substance immatérielle qu'ils admettent. Ignorent-ils que la diversité d'opinions est la marque caractéristique de l'erreur ? La contrariété de sentimens qui régne parmi eux, seroit peut-être le plus fort argument que l'on pourroit leur faire : mais ce n'est pas ici le lieu d'en faire usage. Livrons-nous plutôt à l'examen de l'opinion qui fait de l'ame humaine une substance créée, & d'une nature semblable, ou à-peu-près, à celle des Anges, & par conséquent spirituelle & immortelle, & la plus approchante qu'il soit possible d'imaginer, de l'essence de l'Etre suprême.

Dieu, dit-on, a créé l'ame humaine; & quelques-uns ajoutent, à son image & ressemblance. Mais sans nous arrêter à rechercher si elle ressemble, ou non, à la Divinité, il nous suffit d'apprendre de nos adversaires que sa substance est semblable à celle des Anges. Ce sera d'après cette ressemblance prétendue que nous formerons nos objections.

1°. Où Dieu a-t-il pu trouver l'essence de l'ame ? Il a créé cette essence, répond-on. Cette création est-elle possible ? Examinons. Je saute par dessus la multitude des absurdités qui se rencontrent dans la coëxistence d'un Etre infini, tel que Dieu, & d'une matiere immense, & j'admets que ces deux choses existent à la fois. Si Dieu existoit seul, il occuperoit tout, excepté l'absurde Néant. Il a été un temps où les choses étoient ainsi. Dieu ennuyé de ce Néant, a créé la matiere; c'est-à-dire, qu'il a donné l'Etre au Néant. Voilà donc tout occupé. Deux Etres remplissent tout espace, Dieu & la matiere. Si ces deux Etres forment le tout, remplissent tout, il n'y a plus lieu à de nouvelles créations; car il est impossible qu'une chose soit & ne soit pas en même tems. L'esprit remplit tout le vuide métaphysique ou possible; la matiere remplit physiquement tout le vuide sensible : je ne vois plus de place pour les Etres de nouvelle création, à quelque point qu'on réduise leur existence.

2°. L'on a recours à la toute-puissance, & l'on dit que Dieu reçoit en lui-même ces nouvelles productions. Si Dieu a pu loger dans la sphere spirituelle de son infinité spirituelle, de nouvelles substances de même nature, il s'ensuit clairement qu'il n'étoit pas d'une infinité complette & parfaite, puisqu'il a souffert des additions.

3°. Qui dit infinité, dit exclusion de toute limite : or un Etre qui exclud toute limite, n'est point susceptible d'additions.

4°. Si l'on dit que Dieu par sa toute-puissance a resserré son essence infinie, pour faire place à des substances nouvellement créées; je réponds qu'alors il n'a plus été infini ; parce que lors du resserrement, le côté où il s'est fait a laissé voir une limite.

5°. Quand Dieu auroit pu recevoir dans sa sphere les substances nouvellement créées, il reste toujours que cette sphere éprouvera un vuide au départ de chaque substance qui en sortira pour venir dans la sphere de la matiere animer un corps.

6°. Ce vuide pourra subsister à jamais; car les ames condamnées au supplice ne sortiront jamais de l'enfer.

7°. Si Dieu remplit continuellement le vuide causé par l'absence d'une ame, il faut qu'il fasse faire à sa propre substance un effet rétroactif lorsque quelqu'une de ces ames retourne à sa sphere : ce qui est absurde ; car un infini complet comme Dieu & dont les parties sont elles-mêmes infinies, ne sçauroit se replier ni s'étendre.

8°. Si le vuide causé par l'absence d'une ame, n'est point rempli, c'est un néant : car il faut que tout espace contienne esprit ou matiere.

9°. Or Dieu ne peut remplir ce vuide ni par sa propre substance, ni par des portions de matiere, (car Dieu ne sçauroit contenir de la matiere) donc il y a du néant dans la Divinité.

Ici nos adversaires prennent un ton plus doux. Quand nous disons que Dieu créa l'ame humaine, cela peut s'entendre qu'il la forma seulement. Cette modification de terme n'apporte pas un grand changement dans la dispute.

1. Si Dieu a formé l'ame humaine, il l'a formée de quelque essence : c'est dans l'esprit ou dans la matiere qu'il a puisé.

2°. Ce n'a pû être dans l'esprit, parce qu'il n'y en a qu'un seul, qui est l'infini, ou Dieu lui-même. Or j'ai montré qu'il étoit absurde de supposer l'ame une portion de la Divinité. Aux raisons que j'en ai données, j'ajoute, qu'il est contradictoire qu'on se rende un culte à soi-même, ce qui arriveroit si l'ame étoit une portion de Dieu ; qu'il ne l'est pas moins qu'une substance punisse éternellement une portion détachée d'elle-même ; qu'enfin dans cette hypothèse le dogme des récompenses est une pure chimere ; parce qu'il est impossible que Dieu procure à l'ame au sortir du corps un meilleur sort que celui dont elle jouissoit auparavant lorsqu'elle faisoit partie de la Divinité.

3°. Dieu auroit-il formé l'ame de matiere ? Il le faut bien ; car il n'y a que matiere & esprit.

4°. Si l'ame a été formée de matiere, elle ne peut être immortelle. Dieu a pu spiritualiser, diaphaniser de la matiere jusqu'à l'impalpabilité ; mais il ne peut la rendre immortelle ; car ce qui a un commencement doit avoir assurément une fin.

5°. Dieu lui-même n'est immortel, que parce qu'il est infini, & il n'est infini que parce qu'il exclud toute limite.

6. La matiere, pour être spiritualisée, n'en est pas moins divisible ; parce que la divisibilité est essentielle à la matiere, & que la spiritualisation ne

change point l'essence des choses. Or ce qui est divisible est sujet à l'altération, & ce qui est susceptible d'altération n'est point permanent, & *à fortiori* point immortel.

Nos adversaires poussés à bout par toutes ces objections, & par toutes celles qu'on peut leur faire, ont recours à la toute-puissance de Dieu. Il nous suffit, disent-ils, de sçavoir que nous sommes doués d'ame dont la substance est spirituelle & immortelle ; & peu nous importe de sçavoir comment & quand elle a été créée. Ce qu'il y a de constant, ajoutent-ils, c'est que par ses facultés, on ne la peut juger d'une autre substance que de celle des Esprits Angéliques.

Mais avoir sans cesse recours à la Toute-puissance, comme font les Philosophes religieux, n'est-ce pas ouvrir la porte à tous les abus ? n'est-ce pas introduire un Pyrrhonisme universel dans toutes les sciences, soit de raisonnement, soit d'expérience ? car enfin si la Toute-puissance agit contre les loix qu'elle-même a déterminées, je ne pourrai jamais affirmer qu'un cercle n'est pas un triangle, puisqu'elle pourra ra faire que la figure que j'aurai sous les yeux soit en même temps l'un & l'autre.

La plus saine partie des Philosophes religieux, sentant combien il répugnoit à la raison de supposer l'ame une substance semblable à celle de la Divinité, n'ont point hésité à dire qu'elle étoit une substance, une Entéléchie de forme particuliere, prise je ne sçai où. Et sur ce qu'on leur a objecté, qu'à l'exception de Dieu, qui à cause de son infinité (qui exclud toute limite) n'avoit point de forme, tout ce qui reste dans la nature doit avoir une figure, & par conséquent une étendue; ils ont avoué sans difficulté que l'ame humaine a une extension, des parties & un mouvement local. ,, Toute sub-
,, stance créée, dit un célebre Philo-
,, sophe des derniers siècles, de quelque
,, ordre qu'elle soit, est bornée, parce
,, qu'il n'y a que Dieu seul qui soit im-
,, mense & sans bornes. Or tout ce qui
,, est borné doit nécessairement avoir une
,, extension; car qui dit qu'une chose
,, est bornée dit qu'elle a des extrémi-
,, tés; & l'on ne peut cocevoir des
,, extrémités, qu'il n'y ait une exten-

„ sion qui soit terminée par elles."
„ Il ne nous faut point dire qu'une
„ chose peut être bornée en deux ma-
„ nieres, ou à raison de son étendue,
„ ou à raison de sa vertu : parce que
„ comme il y a une quantité d'étendue
„ & une quantité de vertu (a) il faut
„ qu'il y ait aussi deux sortes de bornes
„ qui répondent l'une à l'autre. Car
„ cette distinction est inutile ici, d'au-
„ tant que lorsqu'on dit que tout ce
„ qui est créé est borné, & qu'il n'y
„ a que Dieu qui soit immense & sans
„ bornes, cela ne se peut entendre que
„ de la borne qui appartient à la quan-
„ tité d'étendue; puisque cela est op-
„ posé à l'immensité de Dieu qui n'est
„ considérée qu'à l'égard de son éten-
„ due, & non pas à l'égard de sa ver-
„ tu & de sa puissance. Si nous disions
„ que tout ce qui est créé, est fini &
„ borné, parce qu'il n'y a que Dieu
„ qui soit infini, il y auroit lieu de nous
„ objecter l'équivoque du mot *infini* par-
„ ce qu'il regarde la vertu aussi bien
„ que l'étendue. Mais le terme d'*im-*
„ *mense* est restraint à la seule étendue:
„ c'est pourquoi on peut dire que la

(a) Quantitas molis, quantitas virtutis.

,, puissance de Dieu est infinie ; mais
,, on ne peut dire que sa puissance est
,, immense.

,, Il ne sert de rien aussi de dire, qu'il
,, y a deux sortes d'extensions, l'une
,, qui est formelle, & l'autre virtuelle,
,, & que celle des *substances spirituelles*
,, n'est que virtuelle : parce que si cela
,, étoit, elles ne seroient bornées que
,, virtuellement : cependant la borne
,, qu'elles ont est aussi *formelle & vé-*
,, *ritable que celle des corps*. Et par
,, conséquent, si elles sont bornées for-
,, mellement & véritablement, il faut
,, qu'elles soient étendues de la même
,, maniere. Il est vrai que leur exten-
,, sion est d'un autre genre que la cor-
,, porelle ; mais cela n'empêche pas que
,, cela ne soit une véritable & formel-
,, le extension. . . . Si l'ame n'avoit
,, une extension, elle seroit indivisible
,, comme un point. . . Cependant l'a-
,, me est en toutes les parties du corps,
,, & par conséquent elle n'est pas indi-
,, visible comme un point. . . Con-
,, cluons donc que l'ame & toutes les
,, substances spirituelles ont une vérita-
,, ble extension, & ne sont pas indivi-
,, sibles &c. (*a*)

(*a*) Système de l'ame, Livre V.

C'est ainsi que s'exprime un Chrétien pressé par la vérité, un Philosophe dont les ouvrages ont reçu l'applaudissement de tous les Sçavans. On voit distinctement que les mots de spiritualité & de virtualité ne sont employés là que par respect pour le préjugé, car puisque l'ame a une extension semblable à celle des corps, elle est donc elle-même un corps. Pour raisonner conséquemment, il faut raisonner comme celui que je cite, sans quoi l'on détruit la Divinité, pour prouver l'ame spirituelle. Dieu est infini; il renferme donc en lui toute la spiritualité possible, & toute l'étendue possible où peut s'étendre la spiritualité. Si quelque Etre que ce soit avoit la faculté de s'étendre d'une maniere spirituelle, Dieu cesseroit d'être Dieu, parce qu'il cesseroit d'être infini.

Mais c'est assez argumenter contre nos adversaires. Ils nous ont accordé que l'ame a une extension, & qu'elle est divisible & a des parties; c'en est assez pour nous porter à croire que ceux-là-même qui soutiennent son immortalité, ne sont pas fort convaincus de sa spiritualité, qu'ils abandonnent volontiers, parce qu'ils ne sçauroient la défendre, & que c'est une opinion insoutenable, comme nous l'allons voir dans la Lettre suivante.

LETTRE XXI.

L'existence d'une ame spirituelle renverseroit les Sociétés.

Qui dit une substance spirituelle, dit un Etre actif, pénétrant, sans que dans les corps qu'il pénetre on apperçoive aucun vestige de son passage. Notre ame est telle dans l'hypothèse : elle voit sans regarder, entend sans prêter l'oreille, & nous meut sans pour raison de cela se mettre elle-même en mouvement. Or un tel Etre ne peut subsister sans renverser la société.

Pour le prouver, je fais cette proposition : De quelle maniere voyent les ames ?

Comme l'erreur est le centre de la division, une foule de Philosophes religieux, parmi lesquels on compte même plus d'un Saint, ont tous répondu à cette question d'une maniere opposée.

Je ne m'arrêterai pas, Sophie, à vous rapporter toutes les impertinentes réponses qu'on a faites. Je ne m'arrêterai qu'à celles qui méritent le plus d'attention.

Les uns ont prétendu que les ames voyoient tout dans la Divinité, comme dans un miroir où se réfléchissent les objets. Ce sentiment a quelque chose d'imposant au premier aspect, & si l'on admet l'immensité de Dieu, il ne paroît pas répugner à la raison ; mais il ne tient pas contre l'examen.

1°. L'ame est de la nature de l'Ange ; or l'Ange des Perses s'opposa jadis, à ce que nous apprend l'Ecriture, au dessein de l'Ange des Juifs, contre la volonté de Dieu : d'où il résulte que si les substances spirituelles connoissent quelques choses en Dieu, elles ne connoissent pas tout : car si l'Ange des Perses se fût opposé à la volonté de Dieu en connoissance de cause, il eût été précipité : ce qui n'est point arrivé.

2°. Les Démons, qui malgré leur chute n'ont perdu aucune des propriétés dont ils étoient doués auparavant, ne peuvent voir les choses en Dieu ; car leur principal supplice est la privation de la vue de Dieu : cependant ils n'ignorent de rien. Ils voyent donc ailleurs qu'en la Divinité.

Saint Thomas & ceux qui ont suivi sa doctrine veulent que la connoissance des especes générales ait été donnée aux ames dès l'instant de leur création, & que cette connoissance leur est aussi naturelle, que les autres facultés qu'elles ont de mouvoir, de juger, &c.

1°. Il est impossible de comprendre comment une ame peut connoître, dans une espece générale, toutes les particularités qui s'y rencontrent, & encore toutes les conditions de ces particularités : cela même est impossible.

2°. Supposons l'ame pourvue de la connoissance du bien en général, & du mal en général ; cette science ne lui suffira pas pour chercher & faire l'un, & fuir & s'abstenir de commettre l'autre dans tous les cas. Il faut, pour qu'un Etre se détermine constamment à cette recherche & à cette fuite, qu'il ait connoissance de toutes, ou du moins d'un grand nombre d'especes particulieres du bien & du mal, qui sont contenues sous ces deux genres absolus & généraux.

Les Scotistes soutiennent que l'ame humaine n'a point en soi la force de voir, qu'elle ne lui a point été donnée au moment de fa création; qu'elle ne reçoit cette propriété qu'à l'occafion des circonftances où elle eft obligée de s'en fervir actuellement.

1°. Dans la fuppofition précédente, l'ame, qui a une connoiffance née avec elle, du mal en général, eft une fubftance impuiffante; car elle voit le mal à venir, & n'en détourne pas toujours: la matiere eft l'agent, & elle le patient, en ce cas: ce qui eft abfurde.

2°. De l'opinion de Scot, il réfulte que l'homme ne peut rien prévoir: ce qui eft faux. Si vraiment l'homme en étoit réduit là, fa condition feroit bien inférieure à celle de la fourmi, qui fans avoir *actuellement* befoin du grain qu'elle emmagafine, en ronge tous les germes, prévoyant que dans fon habitacle humide il fe corrompra fans cette opération.

Dire que Dieu imprime les connoiffances à l'ame, à mefure qu'elle a befoin actuellement d'exercer fa faculté connoiffante, c'eft le faire auteur du mal. Par exemple, les Démons, qui font de même nature que nos ames, ne connoîtront aucune chofe en particulier, que Dieu ne leur en imprime l'image & l'espece; & quand ils voudront exercer leur malice sur quelque personne, ou sur n'importe quel autre sujet, il faut supposer que Dieu les leur fera connoître. Il est impossible, dans un système où l'on admet un Dieu, d'avoir une semblable pensée, sans choquer la sagesse & la bonté infinie de cet Etre suprême. Dans la Théologie Chrétienne, on reconnoît que Dieu concourt à toutes les plus horribles actions qui se fassent, il est vrai, mais sans qu'on lui puisse imputer le défaut qui s'y trouve. En effet, il y a bien de la différence de ce concours-là à celui qui se feroit par l'impression actuelle dont nous venons de parler. La Divinité concourt dans les actions humaines comme une cause partiale, sans les déterminer: au lieu que par la production de ces images prétendues, il faudroit qu'elle en fût la seule cause, & qu'elle déterminât les actions: car c'est la perception des objets qui nous détermine.

Voilà donc les partisans de l'ame immortelle & spirituelle réduits au silence sur la question de sçavoir comment & par quel moyen cette ame voit &

connoît les choses. Hors de combat qu'ils sont, ils n'abandonnent pas la partie. L'ame humaine, disent-ils, voit & connoît les choses à la façon des autres substances subtiles ou spirituelles qui sont de même nature qu'elle; c'est-à-dire, des Anges.

Je ne sçai si les Métaphysiciens religieux, qui ont traité de l'Ame & de l'Ange, ont senti la funeste conséquence qu'on tireroit des définitions qu'ils donnent de celui-ci, & de la maniere dont ils prétendent qu'il exerce sa faculté connoissante; mais le plus grand nombre a affecté de ne point parler à la fois & de l'un & de l'autre : D'après la parité de nature, qu'ils s'accordent pour la plupart à reconnoître entre les ames & les Anges, il semble que tout ce que l'on disoit de l'un pouvoit convenir à l'autre. Ils ont craint apparemment que le sentiment le plus raisonnable sur la maniere dont les Anges font usage de leurs facultés, n'allarmât les humains, & ne les portât à rejetter une ame qui étant spirituelle comme les Anges exerceroit comme eux sa faculté connoissante; car nous sommes convaincus que si la communication est le lien de la société, sa sureté est entiérement dépendante du secret que chacun est libre d'y observer.

Puisque c'est en vain que nous avons consulté les partisans de l'ame immortelle, sur la maniere dont elle voit & connoît les objets, & sur les autres façons d'exercer sa faculté connoissante, voyons ce qu'ils ont dit des Anges à ce sujet, pour l'appliquer à l'ame : ils sont de même genre, & comme les modifications qui forment la diversité des facultés dans le régne animal, n'ont pas lieu dans le régne spirituel, le procédé de l'espece Angélique sera précisément celui de nos ames.

Les uns ont sontenu que les Anges peuvent connoître *l'existence* & la *présence* de leurs objets par leurs propres forces, & sans l'intervention des images de ces objets.

Les autres croyent que les substances spirituelles ont le pouvoir de s'unir immédiatement aux objets, de voir le fond de leur nature & d'en connoître les vertus & les actions, sans que rien puisse échaper à leur intelligence.

Dès qu'on admet la spiritualité dans une substance, on ne peut raisonnablement s'en former une autre idée : Cependant l'une & l'autre de ces opinions ruine entiérement le secret que demande la société, & sans lequel elle ne sçauroit subsister.

Quoi qu'il en soit, si nos ames sont spirituelles, elles doivent avoir toutes ces facultés, & c'est un des points dans lesquels la Théologie s'accorde avec la raison. Et en effet comment refuser à des substances dont une des propriétés essentielles est de pénétrer la matiere, sans laisser de trace de leur passage, tant elles sont actives & pénétrantes, la faculté de transpercer deux corps aussi minces que le sont les notres?

On dira peut-être que la faculté connoissante de l'ame est énervée par l'épaisseur du corps où elle est renfermée. Mais cela est absolument faux; car l'ame d'une jolie femme, qui veut nous séduire, a bien la force de nous pénétrer, de disposer la notre à exciter le mouvement dans nos organes, & sçait lui imprimer des pensées conformes à ses desseins. Or est-il plus difficile à une ame de passer en une autre, pour y déterminer sa volonté à tel ou tel acte, que pour y lire ses résolutions?

En un mot, si l'ame est d'une nature semblable à celle des Anges, si elle est spirituelle, elle doit comme eux être douée du pouvoir de pénétrer la matiere, à quelque éloignement qu'on la suppose. Et ce sentiment a paru si vrai, qu'il a été la base de l'opinion qui admet des Anges-Gardiens. Ce pouvoir des ames ne peut même être borné à la pénétration d'un seul ou d'un nombre déterminé de corps ; il doit avoir son action sur tous les corps en général ; car si le passage de l'ame au travers d'une ou de quelques masses matérielles, altéroit sa faculté pénétrante, ce seroit la preuve indestructible de sa non-spiritualité. Sa mortalité s'ensuivroit par conséquent, parce que quelque minces que fussent les parties qu'elles perdroit dans ces divers passages, avec le temps elle seroit entiérement décomposée, & anéantie, du moins quant à la forme.

Dans la défense d'une fausse opinion, les difficultés renaissent à mesure qu'on semble les abattre. Si l'ame humaine n'a pas la faculté de pénétrer les objets présens, ni celle de se représenter les absens qui lui sont inconnus & de s'en former des images vrayes, d'après qui elle puisse juger de leurs dispositions intérieures ; si elle ne sçauroit recevoir d'impression que par la présence sensible des sujets, & si elle ne peut juger de leurs qualités que par les symptômes extérieurs qu'ils portent, son intellect n'a pas plus de propriétés que l'instinct des Brutes qui recherchent ou fuyent certains objets, d'après les mouvemens qu'excitent en eux les loix inaltérables de la sympathie, ou de l'antipathie. Si cela est, quelle est donc la folie des hommes de se supposer une créature formée de deux substances distinctes, tandis que les Brutes qu'ils regardent comme de pures machines matérielles, sont douées, à raison de la place qu'elles occupent dans la chaîne des Etres, de toutes les facultés qu'on remarque dans l'espece humaine ! Un peu moins de vanité, & quelques instans de réflexion sur soi-même, suffiroient à l'homme pour se convaincre qu'il n'a de plus que les autres animaux, que ce qui convient à son espece dans l'ordre des choses ; & qu'une propriété indispensable de l'Etre auquel elle est attachée, n'est point un présent gratuit de son auteur, mais une des conditions essentielles de cet Etre, & sans laquelle il ne seroit point ce qu'il est.

F I N.

TABLE DES LETTRES
DU TOME SECOND.

LETTRE XVI. *Du poids des autorités.* . Pag. 1

LETTRE XVII. *Conjectures du dogme de l'immortalité de l'ame.* . 11

LETTRE XVIII. *Suite du même Sujet.* . 30

LETTRE XIX. *Examen du dogme de l'ame immortelle en ſuppoſant un Dieu.* 69

LETTRE XX. *Suite du même Sujet.* . 84

LETTRE XXI. *L'exiſtence d'une ame ſpirituelle renverſeroit les Sociétés.* . 201

Fin de la TABLE.

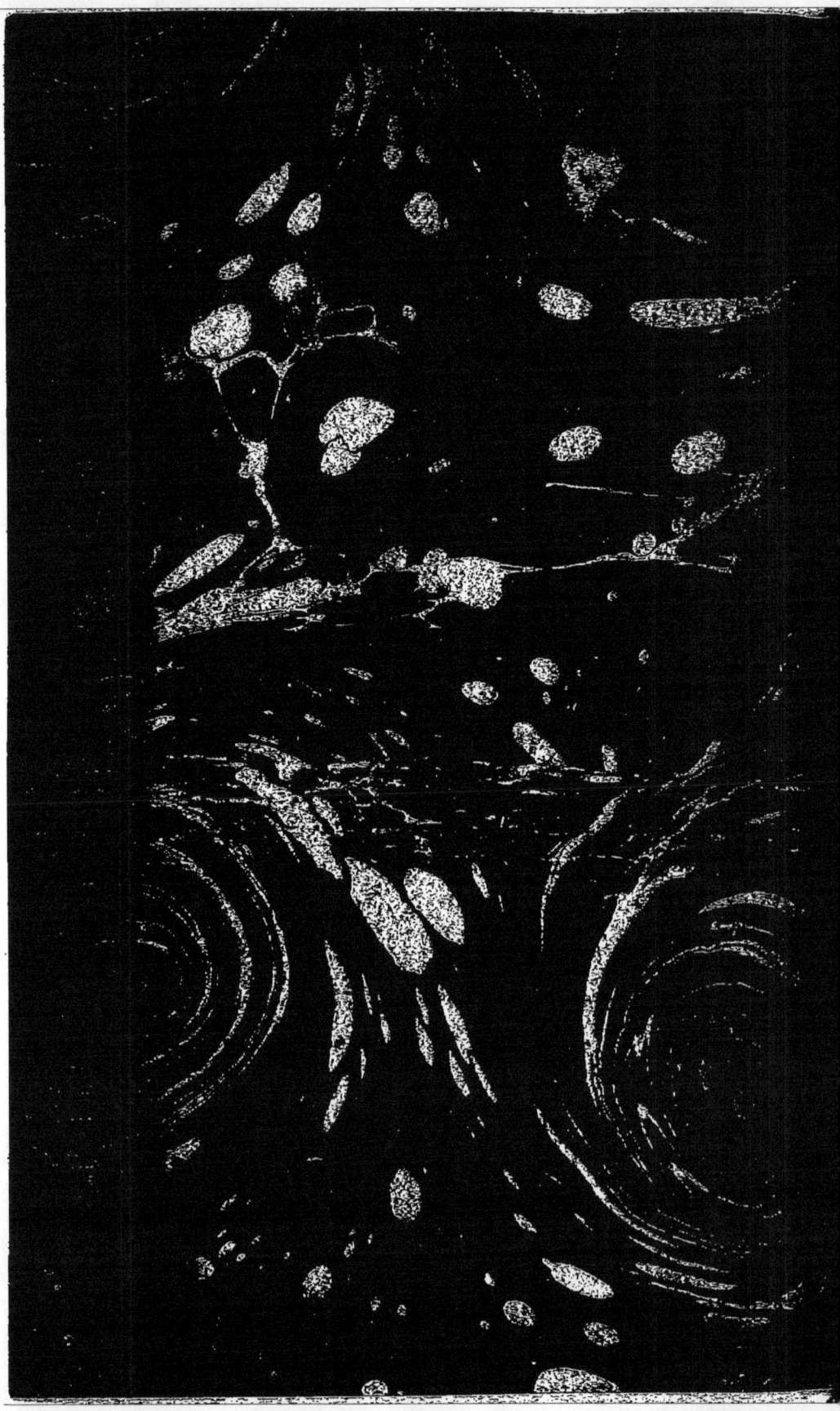

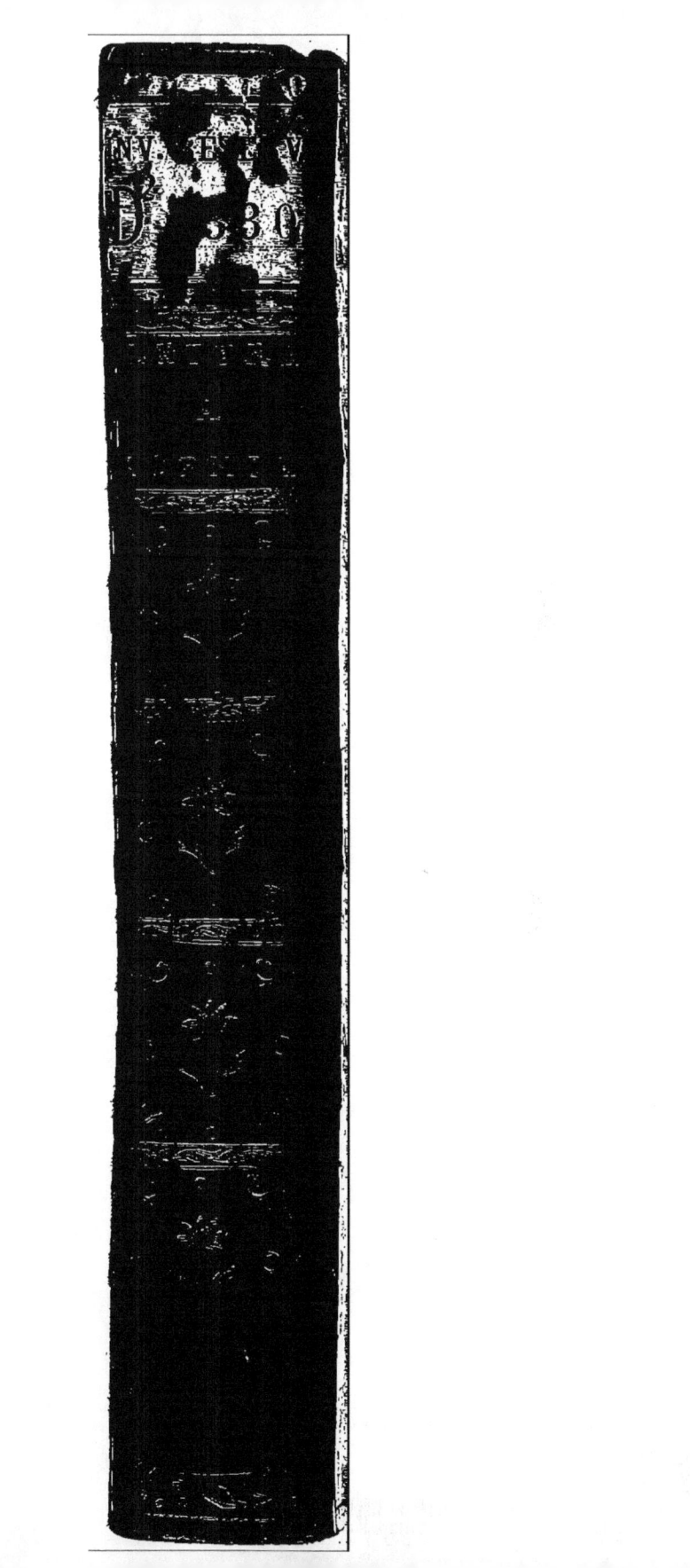

www.ingramcontent.com/pod-product-compliance
Lightning Source LLC
Chambersburg PA
CBHW070852170426
43202CB00012B/2045